天

Borderless

下

博稽古今 融汇天下

| 天
Borderless
| 下

Psychologie Des Foules

乌合之众

| 畅享版 |

[法] 古斯塔夫·勒庞　著
陈　昊　译

法律出版社 LAW PRESS·CHINA
——北京——

目录
CONTENTS

序言

在我的上一部作品中，我致力于描述种族的特征，在本书中，我将重点研究群体的特征。

通过遗传，种族中的所有个体都具有一些共同特征，这些共同特征便构成了该种族的特质。然而，观察结果显示：虽然某些个体来自同一种族，但是当他们为了一定目的而聚集成群体时，就会表现出某些新的心理特征，这些新的特征有时与种族的特征相类似，有时却与之相去甚远。

虽然在各民族的生活中，有组织的群体一直都发挥着重要作用，但是还没有像今天这样重要。有组织的群体之所以有今日之地位，是因为群体的无意识行为逐渐取代了个体的有意识行为,而这已成为当今时代的一个主要特征。

为了搞清楚各种群体所呈现出来的棘手问题,我会采取纯粹的科学方法进行研究,也就是说,我绝对不会受种种观念、理论和教条的影响,只会致力于厘清问题的方法。我相信唯有这样才是发现些许真理的途径,尤其是当我们涉足群体这样一个众说纷纭的话题时,更需要这种研究方式。一位专心从事研究的学者,为了证实某些现象,会不遗余力地将研究进行到底,即使他的研究结果触犯了某些人的利益,他也在所不惜。在新近出版的一本书中,杰出的思想家高布莱·达勒维拉先生(M. Goblet d'Alviela)写道,他不属于任何一个当代学派,有时甚至发现他的观点与所有学派的各种观点都对立。我希望自己的这部新作也能得到这样的评价。因为从属于某一学派就意味着不论那个学派的思想理论是否科学、是否禁得起实践的检验,你都必须全盘接受。

然而,我有必要在这里向读者解释一下,为什么人们在乍一看到我的研究结论时会觉得难以接受。下面我就来讲述一个令人难以接受的结论。通过研究,我发现许多群体的精神世界龌龊不堪,就算是由众多的精英组成的群体也是如此,但是当人们知晓这种情况之后,还是不能触及这些群体的组织结构,因为那是一件十分危险的事。

读到这里读者可能觉得难以理解,下面我来解释一下原因。一直以来,对历史现象最细致的观察都显示出,社会组织就如同一切生命体般的复杂,我们完全不具备那种使之在忽然之间发生深刻变革的能力。大自然有时候会发生剧烈变化,但从来不是以我们所理解的那种方式进行。因此,无论改革在理论上看起来多么美好,对一个民族来说,大刀阔斧的改革依然是最致命的。如果无法一下子改变一个民族的特质,任何改革举措都是枉然的。然而,时间可以改变一个民族的特质,而且也只有时间具备这样的力量。人类通常受一些内在因素的制约,如观念、情感与道德,而各种制度和各项法律都是民族本质的外在表现,是内在需要的外化。作为民族内在本质的产物,制度和法律自然无法改变它。

研究社会现象不能与产生它们的民族分开。在哲学上,这些现象可能具有绝对价值,但实际上,它们的价值是相对的。

因此,研究某一社会现象时,应该从两个完全不同的角度加以考虑。这样我们才能发现,纯粹的理性教导往往与实践理性教导相反。这种区分几乎普遍适用,哪怕物理方面的材料也是如此。从绝对真理的观点出发,立方体和圆都是不可变的几何图形,这已由某些公式给出了严格的定义。然而在我们眼中,这些几何图形则是各式各样的;透视法还可以使立方体变成金字塔形或者方形,使圆形变成椭圆或者直线。认识这些图形的虚构形状远比认识其真实形状要重要得多,因为现实图形是我们的肉眼所能观察到的,而且摄影术和绘画也可以再现这些形状。在某些情况下,虚构的事物比实际存在的事物包含更多的真理。如果物体皆以精确的几何形状存在,那么自然就会变得让人认不出来了。假设有这样一个世界,人们只能复制或者拍摄物体,但不能触摸,那么我们将很难准确地把握物体的形状。如果这样的物体形状只有少数学者可及,那么它的价值也就很有限了。

哲学家应该牢记:他们所研究的社会现象除了具有理论价值之外,还具有实际价值。从文明演变的角度来看,唯有后者才有一定意义。由于逻辑总让人有先入为主的感觉,所以哲学家认识到这一点之后应该格外谨慎。

之所以如此谨慎还有其他原因。社会问题如此复杂,我们根本不可能全面着手解决,也不可能会预见到其相互之间的影响会产生怎样的结果,而且,在可见的事情背后,有时好像藏着成千上万个深层次的原因。从表面来看,可见的社会现象似乎是众多无意识活动所共同作用的结果,人们往往无法分析它们。那些能理解的现象就像海洋表面的浪花,我们能观察得到,至于大海深处有着怎样的汹涌澎湃,我们永远不得而知。群体的大部分行为都显示出群体在精神层面上异常低级,而群体的其他行为则看似受到某些神秘力量的指引,古人称其为命运、自然或天意,我们称为亡魂的声音。尽管我们不明白它们的本质,但它们的力量不可小觑。在民族的内心深处,有时似乎受到一股潜在力量的指引。比方说,没有什么比语言更复杂、更有逻辑、更美妙了,而如此有条理、如此精妙的事物,若不是在群体的无意识中诞生,又是从何而来呢?无论是水平最高的学者,还是最负盛名的语法家,都绝对无法创造出语言的固有规则,他们能做的也只是记录下这些规则而已。甚至那些伟大人物的思想,我们就能断言那是他们个人的成就吗?没错,这些思想确实诞生于个人的头脑中,但实际上那是他们从前人一点一滴积累而成的沃土中汲取了营养的结果,难道这些思想不是群体智慧的结晶吗?

诚然,群体总是无意识的。可能正是由于这种无意识,它们才具有强大的力量。在自然中,完全受本能支配的生命进行着无比复杂的行为,这种行为是让人惊奇的。在人类社会中,理性还算个新生儿,它很不完善,无法向我们解释无意识的规律,更无法取而代之。在人的一切行为中,无意识起着巨大的作用,而理性所起的作用则屈指可数。无意识作为一种尚不为人知的力量正在发挥着它的作用。

如果我们只想让自己置身一个狭窄的、科学能够证实的领域之内,而非投入精力去证明那些模糊的推测,也不愿让自己去研究那些失败的假设,那我们就该只让自己待在一个安全的范围内,去认识那些能理解的现象。通过研究这些现象得出的所有结论都是不成熟的,因为在我们看得很清楚的现象的背后,还有一些我们看不清楚的现象,甚至在这些难以看清的现象的背后,很可能还有另外一些我们看不到的现象。

引言

群体的时代

无论未来社会以何种方式组织起来，它都不得不考虑一股新的力量，即群体的力量，这种力量是如今仅存的、最至高无上的力量。当我们的一切古老信仰摇摇欲坠几近消亡时，当社会旧有的基柱相继坍塌时，只有群体的力量会只增不减、所向披靡。我们进入的时代将是一个名副其实的群体时代。

乍看之下，文明的变迁仿佛是由重大的政治动荡（如罗马帝国的衰落和阿拉伯帝国的建立）、外族入侵抑或改朝换代决定的。然而，更为深入地研究就会发现，这些只是表面原因，实际上，文明变迁往往是由人们思想上的深刻变化引起的。历史上的动荡真正震撼人心的并非其规模大小或剧烈程度。唯有那些发生在思想、观念、信仰以及能引起文明更迭的变化才是重要的。历史上值得纪念的事件实际上都是人们思想变化的外在表现,但是这些重大事件并不多见,因为种族思想是经历数代而传承至今,所以没有什么会比它更稳定。

如今正是人们的思想发生变革的关键时刻。

有两个根本因素构成了这一变革的基础:一是构成我们文明根基的所有元素,如宗教、政治及社会信仰都在遭受着破坏;二是随着科学和工业上的现代发现,全新的生活方式和思想业已形成。

尽管旧有的思想已被毁坏殆尽,但它还具有相当的影响力,而可以取而代之的思想还在日趋形成的过程中,所以如今这个过渡时期显得有些混乱。

处于这个难免有些混乱的时期,我们现在还无法确定社会的未来走向。对于将来的社会将建立在怎样的思想基础之上,我们现在还不得而知。但目前可以确定的是,无论未来社会以何种方式组织起来,它都不得不考虑一股新的力量,即群体的力量,这种力量是如今仅存的、最至高无上的力量。无数曾被奉为真理的思想逐渐消亡、政权不断被革命推翻之后,只有这种力量得到了壮大,并且看来还将很快汲取其他力量。当我们的一切古老信仰摇摇欲坠几近消亡时,当社会旧有的基柱相继坍塌时,只有群体的力量会只增不减、所向披靡。我们进入的时代将是一个名副其实的群体时代。

刚刚过去的一个世纪里,引发各种历史事件的主要因素一直是欧洲各国间的传统政治以及君王之间的对抗。群众的意见很少得到采纳,更多的时候是无人理会。现如今,那些以往拥有政治地位的各种传统和统治者的个人倾向,以及统治阶级内部的相互对抗已变得无足轻重,而群众的呼声却具有决定性意义。群众向统治者传达他们的意志,统治者不得不仔细倾听。各民族的命运不再由君王的议会决定,而是掌握在群众自己手中。

我们所处的这个过渡时期最为突出的特征之一,就是大众阶层登上政治舞台,并不断发展成为一股领导力量。事实上,这种崛起并非以全民普选的出现为标志,因为这种表面上轻易获取的领导权长期以来并没有发挥多少作用。群体的力量之所以会逐渐壮大,首先源于某些思想的普及,这些思想慢慢地在人们的头脑中生根发芽,接着使无数个体渐渐联合在一起,并使人们为实现某种理论观念而共同奋斗。通过联合,群体终于形成了自己的思想,虽然它并不完备,但至少明确了群体的利益,也最终使群体意识到了自己的力量。他们建立了工会,各种政权相继做出让步;他们还置一切经济规律于不顾,试图决定劳动条件和工资;他们派代表进驻议会,却发现议员们既不积极主动,也不具备独立意识,他们还发现,那些人只不过是选举委员会的代言人罢了。

如今,群体的要求变得越来越明确,他们要彻底毁灭现在的社会,使人类社会回到原始的共产主义状态——文明诞生之前所有人类族群都经历过的蒙昧状态。他们的要求包括:限定工作时间,恢复对矿山、铁路、工厂和土地的所有权,平均分配所有的产品,为了大众阶层的利益而消除任何上层阶级等。

群体不具备理性思考的能力,却非常善于行动。由于其目前的组织结构,他们具有强大的力量。我们所看到的正在诞生的信条,将很快拥有旧信条的力量,即那种毋庸置疑、专制独断的力量。群体的至高无上将取代君王的至高无上。

目前受资产阶级追捧的作家,最能反映资产阶级狭隘的思想、短浅的目光、肤浅的怀疑态度以及无比自私的本性。面对群体这股不断壮大的新生力量,他们开始恐慌,为了战胜思想上的混乱,他们绝望地求助于教会的道德力量——这些曾经被他们唾弃的力量。他们重新向罗马教廷忏悔,向我们讲述科学的破产,提醒我们要听从宗教教义。但是这些新皈依的信徒们有所不知，这种做法已经太迟了。就算神的恩赐能使这些新皈依的信徒变得虔诚，但它却不能对群众起到同样的效果，因为群众已经很少考虑那些新皈依的信徒所热衷之事了。昔日，那些资产阶级对教会嗤之以鼻，如今却又把它抬了出来，岂料群众对神灵已没有丝毫兴趣。无论是神力还是人力，都无法使河水倒流，使历史逆转。

科学绝对不会破产，并且它跟现在这种思想混乱的状况也没有关系，与混乱中逐渐壮大的新生力量也没有联系。科学可以给我们带来真理，或者至少可以在我们的智力所能理解的范围内，把事物之间的相互关系展示在我们面前，但它从未许诺过和平与幸福。科学漠视人们的情感，对人们的诉苦无动于衷。没有什么能把科学所打破的幻象再带回来，因而我们要努力接受科学。

在世界上所有国家都能见到的普遍症状向我们展示了群体力量正在快速增长，这让我们不能假想这种力量会很快停止壮大。不论这种力量会带来什么样的后果，我们都必须忍受。一切反对它的论证都是那样的软弱无力。的确，群体时代的到来可能标志着西方文明已经进入最后阶段，我们可能会全面倒退到曾经的混乱时期，这似乎是新社会诞生的必经之路。那么，我们如何才能阻止混乱情况发生呢？

一直以来,群体最明确的任务就是摧毁衰落文明。事实上,群体的这种角色并不是如今才担当起来的。历史告诉我们,当支撑文明的道德思想失去统治力量时,往往是那些无意识的、残暴的群体给它最后一击。没错,就是那些名副其实的野蛮人。迄今为止,各种文明一直都只是由少数有知识的贵族开创和领导的,而非群体。因为群体只具有强大的摧毁力,他们的统治阶段总是意味着一段野蛮时期。文明属于文化的高级阶段,它意味着很多确立的规则和纪律、从本能反应到理性思考的转变、对未来有一定的预见能力——所有这些,群体仅凭自己的力量是无法实现的。群体力量具有纯粹的破坏性,这种破坏性就像微生物一样会加快虚弱的肌体或尸体分解,从而加快事物的毁灭。群体最主要的任务就是当文明的结构出现松动时将其覆灭。在这种关头,数量上的压倒性优势仿佛成了历史的唯一法则。

我们的文明也将这样结束吗?这个问题令人恐惧,但我们现在无法预测。

不管怎样,即使群体缺乏远见,我们都必须服从他们的统治,因为一切可能阻止他们前进的障碍,都已经被他们逐一推翻了。

对于这些人们开始热议的群体,我们还知之甚少;专业心理学家们的生活又与之相脱离,总是无视他们。近来,他们着手研究时,却只从群体可能犯下的罪行这样的角度入手。犯罪群体的确存在,但也有品德高尚的群体、英勇无畏的群体以及其他类型的群体。群体犯罪仅构成群体心理的一种特殊情况,如果只研究这一点,我们将无法全面了解群体的精神构成,这就像认识一个人一样,我们不能只通过描述一个人的缺点来了解他。

事实上,世界上所有的伟大人物、宗教或帝国的建立者,一切信仰的捍卫者和杰出的政治家,以及在更小范围内,一伙儿人的头儿,他们一直都是无意识的心理学家,往往只是出于本能就能准确地把握群体的特征;也正因为深谙此道,他们才能轻而易举地占据领导人的地位。拿破仑非常了解法国民众的心理,但对其他种族的心理,却完全不了解;[1]正是由于这个原因,他出征西班牙尤其是俄罗斯时遭遇顽抗,并很快败下阵来。

如今,对于那些并非想要统治群体(这已变得很困难),

---

〔1〕 他最精明的顾问对此也不甚了解。塔莱郎(Talleyrand)在给拿破仑的信中写道:"西班牙会像迎接解放者一样热烈欢迎法国士兵的到来。"事实上法国士兵是被当作野兽来接待的——而对于这种结果,一位了解西班牙人心理的心理学家能够轻而易举地预见到。

而只希望不被群体牵着鼻子走的政治家来说,了解群体心理就是他们的救命稻草。

唯有对群体心理有所了解,才能理解法律和制度在他们眼里是多么苍白;除了接受别人强加的意见,群体自己很难产生任何观点;要想领导群体,我们不能依靠理论上的绝对平等原则,而是要寻求能够打动他们、引诱他们的事物。比方说,一个立法者想要设立一项新税收,他是否应该选择理论上最合理的那种方式呢?绝对不会。实际上,最不合理的那个征税方案,没准群众觉得才是最好的——如果这种税收难以察觉,表面上看又很轻微的话,就会是群体最易于接受的。所以一项间接税收,不论多么不合理,群体总会欣然接受,因为在日常消费品上的少量征收并不影响人们的习惯,也不会引起什么强烈的感受。换作一项对工资及其他收入按一定比例一次性征收的税种,哪怕理论上比别的收税方案要轻上十倍,也会遭到一致抗议。事实是,每日难以察觉的税收不会让人们联想到钱,人们不觉得自己承担了很多;而一次性收取时,这笔税金相比之下就显得很多,人们总觉得自己损失了一大笔真金白银。所以只有一点一点收取的税金,才会看起来显得很少,而这种经济手段体现了一定的长远考虑,这是群体所不具备的能力。

前面的例子最简单不过,其中的道理也不难理解,对于像拿破仑一样的心理学家也自然不例外。而立法者不理解群体的特征,因而无法领会这一点。他们的经验尚且不足,无法认识到人们从不遵循纯粹理性行事这一点。

群体心理学还可以应用于其他方面。对它的了解和认识,可以揭开不少历史和经济现象的神秘面纱。我将证明最杰出的现代历史学家之一泰纳先生(M. Taine),在研究法国大革命中的历史事件时也并非尽善尽美,因为他完全不懂群体意识。在研究法国大革命这一复杂的历史事件中,他采取了自然科学家常用的描述法,然而他却忽略了一点,即自然科学家的研究对象并不包含道德和观念因素,而正是这个因素在推动历史的发展。

研究群体心理学非常具有实际意义。就算仅仅出于好奇,也还是很值得尝试的,因为解读人们的行为动机就像断定某种矿石或植物具有哪些属性一样有趣味。

我们只是概括地研究了群体的特征,算是简单总结了我们的研究成果,因而书中只给出了一些建议性的观点。至于其他,还需要我们做更深入的研究。我们这里只是在开拓一块尚无人涉足过的领域而已。

第一卷

群体心理

第一章

群体的普遍特征

一千个人偶然聚集在某个公共场所，如果没有一定的目的，他们也称不上心理学群体。实际上，真正的心理学群体都具备某些特定的特征，只有通过这些特征我们才能判定哪些群体属于心理学群体。

“群体”这个词一般是指一大群人的集合——无论他们来自哪个民族、从事什么职业或者是男是女，也不管他们由于怎样的偶然性才聚在了一起。

然而，“群体”这个词在心理学上的含义却有所不同。在某些具体情况下，并且也只有在这些情况下，群体会产生一些与个体迥然不同的新特性。群体中所有成员的情感取向和思想观念都是相同的，他们有意识的个性逐渐消失，于是集体意识就形成了。这种意识只是暂时的,但却表现出了鲜明的特性。对于这种集体,因为没有更好的表述,所以我欲称之为有组织的群体(foule organisée),或许心理学群体(foule psychologique)会更合适一些。它自成一体,是一种独特的存在,服从“群体精神一致性规律”。

可以看出,并不是许多人偶然地聚在一起,就会具备有组织群体的特性。即使是一千个人偶然聚集在某个公共场所,如果没有一定的目的,他们也称不上心理学群体。实际上,真正的心理学群体都具备某些特定的特征,只有通过这些特征我们才能判定哪些群体属于心理学群体。

心理学群体具有两个基本特征:一是群体内所有成员的个性意识消失;二是他们的情感取向和思想观念转向同一方向。但这并不需要所有个体同时出现在同一地点。有时,在某些强烈情绪的影响下,比方说一件国家大事发生,成千上万的人会同时关注某一特定问题,即使他们分散在四面八方,他们也属于同一个心理学群体。因而,一个偶然事件的发生就足以使他们聚集成群,他们的行为就会立刻具有群体所特有的属性。有些时候,五六个人就可以组成一个心理学群体,而几百人若只是偶然地聚在一处,也组不成心理学群体。此外,就算整个民族并没有明显地聚集在一起,但在某些因素的影响下,也可以成为群体。

一个心理学群体在形成之时,就拥有一些暂时的但却可以确定的普遍特征。除此之外,根据组成人员的不同,群体还具有一些不同的附带特征,而且它的精神构成也会有所不同。

为了研究方便,我们可以对心理学群体做如下划分:异质性群体(由不同类型的成员组成)与同质性群体(由类似成员组成,比如他们来自相同的宗派、等级或阶级)。这两种群体具有某些共同特征,但又彼此区别。然而,在分别研究不同种类的群体之前,我们必须首先研究一切群体都具有的共同特征。就像自然科学家一样,先从描述一个族系内部所有成员所共有的普遍特征入手,之后再逐一甄别,对其个别特征进行研究。

准确地把握群体心理绝非易事,因为群体心理不仅随着种族和组成方式的差异而有所不同,还因群体所服从的刺激条件的性质和刺激程度而各异。然而,对个体的心理学研究也面临同样的困难。只有小说里的人物,才会保持一成不变的个性;只有生活在一成不变的环境中,人物性格才会呈现出明显的单一化。我曾在其他著作中指出,一旦环境发生巨变,所有精神结构都有可能表现出不同的特征。那些平日里平和的公证员或正直的法官,在大革命时期摇身一变,成了野蛮残暴的国民公会议员,乱世一过,他们又重新变回温和的资产阶级。拿破仑就是在他们当中找到了自己忠实的仆人。

由于无法在这里全面研究群体形成过程的各个阶段,因而我们将重点观察具有完全组织结构的成熟群体。我们会着眼于群体的发展方向,而非它们保持不变的状态。因为只有在成熟时期,除了种族所决定的不变特征之外,群体才会形成某些新特征以及精神与情感的固定导向。只有在这个阶段,我前面提到的"群体精神一致性"心理学规律才有所表现。

群体的心理特征中,有一些与独立个体表现出来的心理特征相同,而另一些则是群体所特有的,只有在群体身上才能看到。我们将首先研究群体的特征,以示重视。

在群体心理的众多特征中,最惊人的特征是无论群体由怎样的个体构成——不管这些个体在生活方式、职业、性格及智力水平上有多大差异——他们一旦形成群体,就具有某种群体心理。形成群体后,皆与他们作为个体时的感受、思维及行动的迥异。某些想法、情感只会出现在群体中,某些行为也只是群体的专利。心理学群体由不同的个体组成,它是暂时的有机体,会呈现出一些个体所不具备的新特征;群体与个体的关系就像生命体与组成它的细胞之间的关系一样,生命体虽然由不同细胞组成,但却拥有所有细胞都不具备的新特征,这些特征与单个细胞的特征存在巨大差异。

在这一点上,我们惊奇地发现,思维敏锐的哲学家赫伯特·斯宾塞(Herbert Spencer)有失偏颇。他认为,对于一群个体的集合,其特征不过是成员各自特征的总和抑或平均值罢了。这种观点是错误的,因为群体还会产生不同于个体的新特征。群体中个体的相互作用就像化学反应一样,比如酸+碱=盐+水,不仅会产生新物质,并且产生的新物质还会拥有与反应前的物质完全不同的属性。

要想证明群体中的个体与单独个体存在差异并不困难,然而找到引起这种差异的原因就没那么容易了。为了对这些原因大致有所了解,首先要记住现代心理学的这一理念:无论在人的现实生活中,还是在思维活动中,无意识都是绝对的主宰。在精神领域,相比无意识活动,有意识活动仅占很小一部分。哪怕是最敏锐的分析家与最有洞察力的观察家,最多也只能发现极少数支配着自身行为的无意识动机。我们的有意识行为主要是受遗传影响的、无意识心理活动的产物,它们构成了种族世代相传的共同特征,我们把这些不计其数的共同特征叫作种族意识。对我们自己为什么会有这样或那样的行为,除了我们乐于承认的原因外,还藏着一些我们不愿承认的原因,而在这些不愿承认的原因背后,还有许多更隐秘的、我们自己也不了解的缘由。人们的大多数日常行为,都受到这些容易被人忽视的隐秘动机的影响。

无意识元素构成了种族的特质,这些特质主要表现在该种族成员彼此相似的方面,而他们之所以存在相互区别的地方,则主要是因为有意识元素即教育发挥了作用,但更多的是受特殊遗传条件的影响。在同一种族内部,人们在智力上差异很大,但在本能和情感方面则十分相近。在涉及情感的一切领域,如宗教、政治、道德、好恶等方面,最杰出的人跟一般人没什么两样。在智力上,伟大的数学家和鞋匠之间存在一道鸿沟,然而在性格方面,他们往往差别不大,甚至完全没有差别。

种族中的大部分正常个体,由于受无意识支配,一般具有相同的特征,这些特性最终构成了群体的共同属性。个体在智力上的差异逐渐消失在群体意识当中。进入群体之后,成员之间的差异逐渐变小,甚至趋于一致,而群体无意识则占据了统治地位。

有一点可谓千真万确,那就是群体只具有普通品质,而且他们的品质还表现出一致性,这恰好解释了为什么他们从来无法在需要高智力的事情上有所作为。涉及普遍利益的事务一般是由一群杰出人士做决定,但是聚集成群的各行各业的专家们所做的决定,不见得比一群笨蛋高明多少。事实上,那些优秀的专家身处群体中时,会受到群体意识的左右,所以那时他们表现出来的无非就是平庸的特质,与普通人无异。在群体中,随着人数的增加而不断累积的是愚蠢而非智慧。人们常说,全世界所有人的智慧累加在一起也不会比伏尔泰更聪明,事实上,如果“全世界所有人”被当作一个群体来理解的话,那么毋庸置疑,伏尔泰确实比这个群体更有智慧。

然而,群体中的个体如果只是有意地把他们的寻常品质集中在一起,那么群体就会表现出出奇的平庸,而不是像我们之前所说的那样,会有新特性产生。那么新特性是怎样形成的呢?这正是我们现在应该研究的内容。

原因一:本能的释放

引起群体产生孤立个体所不具备的新特性的原因是多种多样的。决定群体特性的第一个原因是本能的释放。首先,仅仅由于数量上的优势,群体中的个体就会感到自己具有所向披靡的力量,对于本能,独自一人时须加以克制,现在则可以放心大胆地听之任之。其次,由于群体的匿名性,群体中的个体无须对自己的行为负责,一直束缚着孤立个体的责任感一旦烟消云散,他们也就无法克制住自己的本能了。

原因二:传染

第二个原因是传染,它对群体的特性起决定作用,同时还影响着群体的倾向。传染这种现象易于捕捉,例如那些初次赌马的人,去了赛马现场后也会跟着那些赌徒高呼。虽然这类现象很多,但解释起来较为困难,需要与我们接下来研究的催眠现象结合起来加以理解。在群体中,一切情感、一切行为都具有传染性,并且这种传染性还会达到让个体为了集体利益而牺牲个人利益的程度。除非作为群体中的一员,否则人很少会表现出这种违背天性的倾向。

原因三:暗示

第三个原因,也是最重要的一个,我称为暗示的作用,它决定了群体中的个体有时具有与个体孤立时截然不同的特性。上面提到的传染不过是暗示的一个效应罢了。为理解各种暗示现象,需要对最近的一些心理学新发现有一定的了解。如今我们知道,催眠师可以通过各种方法,使一个人处于一种无意识状态,从而使他丧失有意识状态时的人格。接下来这个人会对催眠师的一切指示言听计从,甚至还会做出与自己的性格和习惯大相径庭的行为。而最为细致的观察似乎已经证明,成为群体的一员一段时间后,个体仿佛受到某种磁场的影响,又或者由于别的未知原因,很快进入了一种特殊状态,这种状态与上面提到的被催眠的人在催眠师的操控下达到的那种状态十分相像。被催眠之后,人的大脑活动处于麻痹状态,受自己脊髓神经所接收到的信号的支配,完全任催眠师摆布。有意识的人格完全消失,意志与判断力也彻底无存。一切情感与思想都掌握在催眠师手中。

这差不多就是心理群体中的个体所处的状态。个体无法意识到自己的行为,他就像被催眠了一样,在丧失某些能力的同时,另一些能力却有可能得到极大的强化。在某种暗示的作用下,群体中的个体会因为无法抗拒的冲动而行动。与被催眠者相比,群体的这种冲动显得更加不可抗拒,因为暗示对群体中的所有个体都起着同样的作用,而这种作用会因个体间的相互影响而不断增强。在群体中,可以抵抗暗示作用的个体一般都具有很强的个性,但这样的个体数量太少,简直可以忽略不计,因此仅凭这部分个体的力量是无法扭转局势的。他们若想改变群体的行动方向,或许可以尝试其他的暗示来达到目的,这是他们唯一的办法。例如,一句令人愉悦的话语抑或一个被及时唤醒的形象,只要能起到暗示效果的某样东西,也许就能阻止群体最血腥的暴行。

作为群体一员的个体主要包括以下特征:

有意识人格逐渐消失,无意识人格占据主导;

思想与情感容易受暗示和传染的作用而形成固定导向;

在暗示或传染的作用下,想要把暗示观念马上转化为行动。

群体中的个体已经不再是他们自己,而是成了不再受自己意志控制的提线木偶。此外,人一旦成为有组织的群体中的一员,就在文明程度上降了好几个等级。独自一人时,他没准还是有教养的人,在群体中则成了十足的野蛮人,完全受本能支配的人。他似乎不由自主地表现得既残暴又凶猛,还表现出原始人的狂热和英雄主义。群体中的人会心甘情愿地受某些话语和形象的左右,这一点和原始人更相似。但当他作为孤立个体时,那些话语和形象对他的影响却十分有限。冲动之下,群体中的个体甚至还会置自己最显而易见的利益和习惯于不顾。群体中的个体就像沙丘中的一粒沙,包裹在其他沙粒中,随风飘荡。

于是,人们发现,对于陪审团就某一案件所做的判决结果,各位陪审员作为个体独自审理时都不会赞同,然而他们构成一个群体组成陪审团后,就会赞成判决;议会也会通过各位议员作为个体时都反对的法案或措施。法国大革命时期,国民公会的各位成员本来都是温和明理的公民,但聚在一起后,就毫不手软地通过了多项残酷的提议，将最无辜的人送上了断头台，他们甚至还不惜牺牲自己的利益，放弃不可侵犯的权利，自相残杀。

个体加入群体后，不但在行为上发生了本质的变化，甚至在其完全丧失独立性之前，在情感和观念上就已发生了转变。这种转变极为彻底，它可以使一个吝啬鬼在进入群体后变得慷慨大方，使一个怀疑论者变成虔诚的信徒，使老实人犯下滔天罪行，使胆小鬼变成一个英勇无畏的英雄。在 1798 年 8 月 4 日那个著名的夜晚，出于一时冲动，法兰西的贵族们竟然投票放弃了自己的一切特权。如果让他们中的任何一个人独自考虑这件事，都断然做不出这样的决定。

从以上内容我们可以得出结论：群体在智力水平上总是不如独立个体，然而从情感以及情感所引起的行为这个角度看，群体和个体孰好孰坏还要视不同情况而定，群体可能会比个体更好，也有可能更差。这要看群体得到的暗示属于何种类型。只从犯罪角度来研究群体的作家们就完全忽略了这一点。不错，不少群体表现出犯罪性，但正义善良的群体同样存在。尤其在荣誉的激励下，有的群体可以为了信仰或理念而慷慨赴难，就像十字军东征时期的欧洲骑士，即使在弹尽粮绝的情况下，也会无所畏惧，为从异教徒手中夺回耶稣的墓地而殊死奋战,或者像 1793 年的法国民众那样为保卫祖国而英勇无畏。毫无疑问,群体的这种英雄主义带有几分无意识色彩,然而,正是群体的这种英雄主义造就了历史。如果民众总像个体那样冷静地权衡利弊得失之后再采取行动,那么世界历史就不会如此绚丽多姿。

第二章

群体的情感与道德观

群体冲动、多变而且易怒，容易受外部刺激的影响；群体容易轻信一些言论，而且容易受暗示的影响，把头脑中的幻象当作现实；群体在情感上过于夸张而且异常简单；群体偏执、专横而且保守，面对强权，群体显得奴颜婢膝，而且他们的革命冲动只是昙花一现。实际上，群体极端保守，本能地对一切变化与进步心怀敌意；独立个体总是把个人利益当作唯一动机，群体则很少考虑个人利益。

我们在上一章已从整体上概述了群体的基本特征，现在我们将对这些特征进行细述。

我们注意到，群体的某些特征，如冲动、易怒，缺乏理性、判断力和批判精神，夸张情感等，在那些处在低级进化阶段的生命中同样也能见到,如女人、野人和儿童。但是这一点我只是在此处顺便提一句罢了,并没有在此书中具体论述。此外,对于了解原始人心理的人来说,这一点毫无用处,而对于不知道的人,我们又很难让他们相信。

现在,我对那些在大部分群体中都能表现出的各种特征分别进行研究。

群体冲动、多变而且易怒

我们在研究群体的基本特征时曾指出,群体几乎完全是受无意识动机的支配,而且群体的大多数行为并不是由大脑控制,而是在脊髓神经的影响下完成的。在这一点上,群体与原始人很像。即使他们的行为很完美,但这并不能说明那些行为是大脑思维的成果,它们仅仅是对外部刺激的下意识反应而已。一切外部刺激都会对群体产生影响,并且群体的反应会随着刺激的不同而不断发生变化。群体完全被自己受到的刺激因素控制。孤立个体也会像群体中的个体那样,受到某些外部刺激,但他的大脑会告诫他,冲动行事是不明智的,服从于这种刺激会产生怎样的后果,于是孤立个体就不会被外部刺激所左右,他会权衡利弊后采取理智的行动。关于这一点,用心理学术语说就是,孤立个体可以控制自己的本能反应,而群体则做不到这一点。

根据所受刺激的不同,群体会产生各种冲动行为,他们可能会一反常态,表现得宽宏大量、英勇无畏抑或残酷冷漠、胆小怯懦。冲动之下,群体表现出迫切的行动力,就算以牺牲个人利益甚至生命为代价也无法阻止他们。

由于影响群体的刺激因素是多种多样的,而且这些刺激因素总是对群体有无法抗拒的吸引力,于是群体就显得极为多变。这就是为什么群体可以从极端嗜血、无比残酷一下子变得十分慷慨大度或极具英雄气概。群体既可以杀人不眨眼,也可以为了信仰或道义做出牺牲。为了坚持自己的信仰,他们不惜付出自己的生命。关于这一点,无须追溯到英雄时代去寻求事例,乱世之中,群体从不吝惜自己的性命。就在几年前,有这样一位声名鹊起的将军,[1]只要他一声令下,就有成千上万人随时愿意为他抛头颅、洒热血。

群体没有远见,不具备运筹帷幄的能力,所以他们不会在行动前制定一个周密的计划。他们在情感方面极其善变,受当前刺激因素的影响时,群体就像被暴风雨卷起的落叶,在空

[1] 此处指的是布朗热将军(Boulanger)。他于1886年1月~1887年5月任法国陆军部长时,要求收复阿尔萨斯和洛林,在法国掀起了对德国复仇的沙文主义热潮。

中盘旋飞舞,随着风向的变化四处飘荡,最后又落在地上。接下来我们要研究革命群体,举例说明他们在情感方面的多变性。

由于群体如此善变,统治他们就显得十分棘手,尤其当他们掌握了一部分公共权力的时候,就更加不好管理。如果日常生活所必需的事物已经无法对人们的生存起到调整和监督的作用,那么民主制度将无以为继。当民众已经不在乎自己是否吃饱穿暖,也不在乎自己是生是死的时候,还有什么能约束住他们呢。此外,群体的狂热只能短暂存在,因为他们既没有坚强的意志,也没有稳定的想法。

群体不仅冲动而且多变。像野人一样,群体不认为有什么东西能阻碍他们实现自己的愿望,尤其是数量上的优势使他们坚信自己具有所向披靡的强大力量。在群体的字典里,没有“不可能”这个概念。每一个人都知道,仅凭一己之力是不可能做到火烧宫殿、抢劫商铺的,所以就算有人在独处时产生了这样的念头,他也绝不会付诸行动,只会一笑置之罢了。然而一旦他成了群体中的一员,便会觉得自己人多势众,只要受到一定的暗示,他就会马上失控,肆无忌惮地杀人放火。就算遇到意料之外的阻碍,群体的狂热也会将其粉碎。如果人的身体中有某种机制可以使人拥有持久的狂热,那么受到阻碍的群体往往就表现出这种狂热。

种族的基本特征是人们一切情感的永恒源泉，既对群体的易怒、冲动与多变的特性产生影响，也影响我们将要研究的一切大众情感。易怒和冲动无疑在所有群体身上都有所表现，但程度上存在很大差异。例如，拉丁民族和盎格鲁—撒克逊民族之间的差别就很惊人。法国近代历史中发生的一些事件可以有力地证明这一点。二十五年前，一份声称法国某大使在国外受辱的电报被公之于众，结果不仅令民众义愤填膺，还引发了一场可怕的战争——普法战争。几年后，同样的一份披露法军战败的电报再度引发众怒，导致政府轰然垮台。实际上，那份电报披露的只是一次无关紧要的战败，却导致了这样的结果。同一时期，英国出征喀土穆时遭到重创，但这个消息在英国国内却没有引发轩然大波，更没有哪个部长因此被迫辞职。所有群体都具有女性特质——情绪化、狂热、缺乏理智，其中以拉丁民族最甚。任何得到拉丁民族群体信任的人，都会立刻飞黄腾达，但这个人就像沿着悬崖行走，总有一天会落入深渊，难逃厄运。

群体容易轻信一些言论，而且易受暗示的影响

我们在定义群体这个概念时曾指出，群体的普遍特征之

一是极易受暗示影响,并且还指出,在一切人类集体中,暗示具有很强的传染性,这道出了群体在情感上迅速转向某一固定方向的原因。

不管人们是否注意到群体的这一特征,但群体总是处于预期注意(attention expectante)状态,所以很容易受到暗示。最初的暗示一旦被群体接受,就会立刻通过传染蔓延到所有人的头脑中,于是,群体在情感上便转向了相同方向。群体中的任何个体一旦被暗示征服,他就想把头脑中的念头付诸实践,无论杀人放火还是自我牺牲,他都心甘情愿。

群体对外界刺激的反应取决于刺激的性质,但是这一点却不适用于孤立的个体,因为个体在独立状态下会有理性的思考,他做出什么样的反应要看暗示的行为是否符合他头脑中的逻辑。个体在收到外部刺激后,通常会思虑一番,寻找到合适的理由之后才会有所行动。当然,个体的理性思考也可能会让他总结出理由不行动的。

由于群体总是处于无意识状态,易于听从一切暗示,有着那些不受理性约束的生物所具有的激烈情感,没有丝毫批判精神,所以群体才会极端轻信。对群体来说,没有什么是不可能的。要想理解那些荒诞故事和神话传说为何能在人们之间轻易地产生并传播开来,就必须牢记这一点。[1]

某些神话之所以会在群体中广为流传,除了由于群体极端轻信之外,另一个原因是人们运用想象力对事件进行了歪曲变形。哪怕是最简单的事情,在流传到群体中之后,也会很快变得极为复杂。群体习惯于进行形象思维,他们总会在头脑中形成某种幻象,而且这种幻象往往还能激起他们的其他想象,于是他们会在头脑中形成一系列与最初幻象没有任何逻辑关系的图像。群体的这种状态很好理解,因为我们每个人可能都有过这样的经历:当你听到某件事或是看到某样东西浮想联翩时,头脑中便会出现一些奇怪的画面。理性告诉我们,这些图像与眼前的所见所闻没有任何联系。比如说,当我们饥肠辘辘地走在大街上,透过橱窗看到餐厅里面有一个人坐在桌前,正准备吃桌上的食物,这时你可能会联想到自己就是那个坐在桌前准备就餐的食客,但你只是想想而已,不会真的走进餐厅去吃那个人的东西,因为你知道那只是自己的想象而已。而群体却无法意识到这一点,它总是把自己的臆

[1] 经历过巴黎被围困的人们见证了不少群体轻信的例子,因为群体总是认为没有什么事是不可能的。例如,楼顶上有微光,立刻就会被围攻者视为内应在用烛光给他们发送信号。然而只要稍作思考就能发现,人们根本无法在好几公里外看到任何烛光。

想掺进真实事件中,将幻象与现实混为一谈。群体无法弄清楚哪些是自己的主观想象,哪些属于客观事实。他把存在于自己脑中的图像当成真实的存在,而事实上,那些图像与实际事物几乎扯不上任何关系。

由于群体是由不同个体组成的,所以我们貌似有理由说,对同一件事情,群体中的个体会形成各自的歪曲结果。然而实际情况并非如此。由于相互之间的传染作用,群体中所有个体在扭曲某件事情时,会形成相同性质的歪曲结果,而且他们还表现出同样的倾向。在群体中,传染性暗示起于群体中某一个体进行的第一次歪曲。例如,十字军东征时期,在所有十字军战士中,肯定有一个人率先说他在耶路撒冷的城墙上发现圣乔治显灵了。然后,在暗示和相互传染的作用下,这个荒诞的故事便立刻在群体中传播开来,而且每个人都相信确有其事。

由于成千上万人众口一词,都声称自己亲眼所见,所以这种集体幻觉似乎就具备了真实性,使人不得不信。这种集体幻觉在历史上屡见不鲜。

要想对上述内容做出反驳,不能从个体的智商下手,因为上述现象与群体中个体的智力水平无关。个体的智力水平之所以无足轻重,是因为一旦成为群体的一员,蠢人和智者都丧失了观察力。

乍一看，这一论断似乎有些自相矛盾。但是要想彻底地证明这一点，需要查阅大量史料才行，否则写上好几本书也不一定能够说清楚。

但是为了不让读者认为我在没有证据的情况下妄下结论，接下来我要从众多资料中随便援引一些例子作为佐证。

下面这个事例十分典型，很好地体现了群体中集体幻觉的强大影响力，其中的群体由不同个体组成，他们中既有目不识丁的粗汉，也有学富五车的智者。海军上尉于连·费力克斯(Julien Félix)曾在《海流》(*sur les Courants de la Mer*)一书中偶然提及这件事，《科学杂志》(*Revue Scientifique*)也曾转载过。

驱逐舰"贝拉·布勒号"在海上巡航，试图寻找在一场暴风雨中失踪的巡洋舰"贝尔索号"。当时是白天，海面上波光粼粼。突然，瞭望员似乎发现了一条遇难的小船，全体船员都望向发出求救信号的方向，在场的军官和水手都仿佛清楚地看到一条载满人的木筏，由发出遇难信号的巡洋舰牵引着。然而这不过是个集体幻觉。德斯佛赛(Desfossés)上将命令放下一条船去营救遇难者。在逐渐靠近的过程中，船上的水手和军官们看到"成群的人在挥手求救，听到很多沉闷而混乱的哭喊声”。但当船终于靠了过去,呈现在他们面前的却是几根茂密的树枝,应该是从附近的海岸漂过来的。在看得见摸得着的事实面前,幻觉最终消失了。

在这个事例中,我们能够清楚地看到上面解释过的集体幻觉是如何产生的。一方面,群体正期待某件事情的发生;另一方面,由瞭望员发出的看到了失事船只这一暗示,通过相互传染,这一暗示让在场的所有人都信以为真。

丧失了对事物的洞察力,幻觉取代了事实——群体的这个特点与其人数多少没有关系。一旦几个独立的个体聚集形成一个群体,就算他们都是杰出的学者,是各自领域的专家,也一样会表现出群体的这一特征,而他们每个人具有的观察能力和批判精神很快消失殆尽。关于这一点,天才心理学家达维(Davey)给我们提供了一个很有意思的例子,它被刊登在《心理学年鉴》(*Annales des Sciences Psychiques*)上,值得我们在此详述一番。

达维把一群杰出的观察家召集在一起,当中包括英国杰出的科学家华莱士(M. Wallace)先生。达维先让他们检查一些物品,并允许他们按照自己的意愿做下记号。接下来他便在他们面前表演了一系列人们传说中的神鬼行为,即各种“灵魂现形”的现象,然后让他们记录下整个过程。在场的观众记下了全部过程,并在随后的报告中一致认定,刚才所看到的现象必须借助超自然力才能实现。最后达维向大家展示了谜底,称这些不过是些简单的骗人把戏而已。

这份报告的作者写道:“在这个实验中,最令人吃惊的还不是达维的神奇骗术,而是在场每位观察家的结论,这些外行竟然会作出那样一份毫无价值的报告总结。”因而,他认为:“就算很多人说法一致,也无法认定他们的说法就是正确的,因为如果相信了他们的描述,那些现象就不能用骗术来解释。达维使用的办法如此简单,以至于人们不相信他胆敢这么做;集体幻觉对群体的头脑有着如此大的影响,竟然能让群体认为自己看到了其实并不存在的现象。”人在被催眠了的时候才会出现这种情况。然而,当我们发现集体幻觉在本来该持怀疑态度的优秀头脑上面都能奏效,就不难想象让一般群体产生幻觉是多么容易。

相似的例子不胜枚举。在我撰写本书之时,各家报纸在争相报道这样一则新闻,说是在塞纳河里捞出两个溺水的小女孩。首先,由于十几个目击者一直声称认出了这两个孩子,于是预审法官不再有丝毫的犹豫,立即签署了死亡证明。可就在人们准备要安葬这两个孩子时,却偶然发现人们认定的死者还活得好好的,甚至与那两个溺水的小女孩在相貌上并没有多少相像的地方。就像前面的例子那样,第一个目击者率先受到幻觉的影响,然后用自己的观点影响了其他所有目击者。

类似的事件中,暗示发挥作用通常有两个环节:首先,它总是起源于某个个体,由于个体的记忆多少有些模糊,所以他便产生了幻觉;其次,这一最初的幻觉通过不断得到肯定而传播开来。如果第一个观察者比较冲动,他往往只要发现实体表现出某个表面特征而非真实的相像之处,比如一道伤疤或者衣着上可供辨认的一个细节,便会激起他的某种联想。如果这种联想也得到了群体中其他人的认同,那么它便构成了群体产生相同幻觉的核心,会干扰人们的理解力,进而麻痹一切判断力。观察者这时所看到的不再是事物本身,而是自己头脑中产生的幻象。

这就解释了以前曾经发生过的一件事,孩子的生母竟然认错了自己孩子的尸体。最近报界又重新关注起这则新闻。在这则旧闻中,我们能够找出我刚刚指出的暗示发挥作用的两个环节。

孩子的尸体首先被另一个孩子认了出来——但后来证明他认错了。然后一系列毫无根据的辨认开始了。

就在尸体被那个小学生辨认出来的第二天，发生了一件不寻常的事情，一位女士惊呼："啊！老天，这是我的孩子。"

人们让她走近一些观察尸体，她先检查了衣物，然后看到孩子的额头上有道疤痕。"没错。"她断定，"这是我可怜的儿子，他是去年7月走丢的，肯定是先被人拐走然后惨遭毒手的！"

这位姓莎旺德莱的女士是福尔街的看门人，她的姐夫也被叫来认尸，他一眼就认了出来："这就是小菲利贝尔。"住在那条街的好几个人也认为这就是在维莱特上学的菲利贝尔·莎旺德莱，学校的校长也认为这个孩子就是他的学生菲利贝尔，因为他看到了孩子佩戴的徽章。

然而，事实证明，邻居、姐夫、校长，甚至孩子的亲生母亲都认错了。六个星期之后，孩子的身份得到了确定。这是一个波尔多男孩，他在当地被杀害，尸体是后来运到巴黎的。[1]

从这则新闻中可以看出，女人和孩子往往容易犯"认错

---

[1] 《闪电报》，1895年4月21日。

人”这种错误,确切地说,他们更容易受影响,很难形成客观的判断。所以在法庭上,人们不能奢望这样的证人提供有价值的证词,尤其是孩子的话。法官们总认为,孩子是不会说谎的。然而,只要稍微有点心理学常识的人都知道,事实恰恰相反,孩子总是满嘴谎话。虽然他们并非有意说谎,而且他们的谎话可能也没多大害处,但谎话就是谎话。情况往往就是这样,在对被告人作出判决时,与其相信孩子的话,还不如扔硬币更公平些。

下面我们再回到群体的观察力这个问题上来。我们得出了以下结论:

集体观察是最容易出错的,因为观察结果往往只代表了某个个体的幻觉,个体通过传染的作用把自己的幻觉传播给其他人,从而影响到群体其他人的判断力。无数事实证明,群体的证词最不靠谱,如果我们想要针对一件事做出明智的决定,那我们一定要时刻提醒自己这一点。在二十五年前的色当战役中,成千上万人参加了著名的骑兵团突击,然而这次突击的目击者所给出的证词各不相同且相互矛盾,所以对于这场战争人们仍然众说纷纭,至今都无法确定它的领导者是谁。英国将军沃斯利(Wolseley)在最近的一本书中写道,时至今日,尽管关于滑铁卢战役最重要的史实已经得到了成百上千人的证实，但人们仍然无法确保自己没有犯下严重的错误。[1]

这些事实向我们展示了群体的证词是不具有任何价值的。根据逻辑学规律，如果很多人对一件事说法一致，那他们的言辞就可以算作确实的证据，来证明这件事属实。但是基于我们对群体心理学的了解，在这一点上，逻辑学规律完全不适用。一件事被越多的人见证，关于该事件的描述就越不可信。如果有件事同时被成千上万人看到，这就意味着实际情况往往与大家所叙述的大相径庭。

根据上述论证，我们可以清楚地得出这样的结论：史书不过是纯粹想象力的作品——它们是作者基于自己的想象力，对自己并不了解的事实进行解读的结果。写这种书完全是在浪费时间，没有任何意义。要是没有历史长河中的文学、艺术

[1] 我们是否真的了解战争的经过？我对此深表怀疑。我们知道谁打赢了，谁战败了，但也仅此而已。德哈考特先生（M. d'Harcourt）参与了索尔费里诺战役，他对这场战争的描述应该适用于所有战争："将军们（自然是在他向数百位目击者了解了大量情况后）上交了书面报告；传令军官对此作出一定修改并起草最终的汇报文书；参谋长对此提出了反对意见，于是他在新的基础上重新起草了一份报告。这份新报告被递交到元帅手中，元帅看了之后说：'你们都搞错了！'然后他又重写了一份报了上去。如此这般，最初的报告已然面目全非。"德哈考特先生详细叙述这件事是想说明，哪怕全面了解了战争的各方面数据，人们也未必能了解其真相。

和那些意义深远的伟大作品,我们就会对曾经的真相一无所知。那些在人类历史中发挥过重要作用的伟人,如希腊神话中的英雄赫拉克勒斯、佛祖释迦牟尼、耶稣及伊斯兰教创始人穆罕默德,我们是否真的了解——哪怕一丁点儿——他们真实的生活?很可能没有。归根结底,对我们来说,他们的真实生活并不重要。我们所希望了解的,是那些伟人在广为传颂的神话中被塑造成了何种形象。只有那些神话中的英雄才能给大众留下深刻的印象,而真实的英雄却无法做到这一点。

不幸的是,尽管这些神话已被记载在书中,但它们本身却绝非一成不变。随着时间的推移,尤其是因为种族的区分,不同群体都在用自己的想象力对它们进行不断加工。《旧约》中残暴的耶和华与黛蕾丝修女(Sainte Thérèse)心中那仁爱的主千差万别,中国人膜拜的菩萨与印度人信仰的佛祖也没什么共同之处。

由于群体总是基于自己的想象力来塑造英雄,所以有些英雄事迹不用经历数百年便会走样,于是真正的英雄有可能会遭到辱没,也有可能被人们曲解成十恶不赦之徒。如今的我们就见证了历史上一位了不起的伟人的传奇故事,他的故事在不到五十年的时间里就被多次改写:在波旁王朝统治时期,拿破仑被描述成一位出身低微的下等人,他崇尚自由、博爱,在诗人的作品中,也注定是乡野村夫的角色。然而三十年后,温和老实的英雄摇身一变,成了残酷无情的暴君,他篡夺政权,摧毁自由体制,仅为了满足自己的征服欲就大开杀戒,令三百万人惨遭屠杀。如今我们发现,这位伟人的故事又有了新的版本。数千年后,面对这些彼此矛盾的记载,那时的学者没准儿会怀疑这位伟人是否存在,正如今天有人质疑佛祖释迦牟尼是否存在一样,认为拿破仑是从某个太阳神的传说或者赫拉克勒斯式传说中演变而来的传奇人物。面对这种混乱的记载,将来的学者一定已经习以为常,因为与我们相比,他们更加了解群体的特点和群体的心理,深知历史不过就是神话的流传而已,不会记载多少有价值的东西。

群体在情感上过于夸张而且异常简单

无论群体表现出怎样的情感,是正面的还是负面的,它们都具有两个特点:其一,异常简单;其二,过于夸张。像其他方面那样,群体中的个体在情感方面与原始人也很相似。他们看不出事件之间的细微差别,所以就把所有事件都笼统地当作一个整体来看待,看不到不同事情之间的过渡状态。于是,群体就这样人为地把事情简单化了。群体情感上的过分夸张是通过暗示与传染来得到强化的。群体中的任何情感,一旦表露出来便会通过暗示和传染迅速传播,被群体明确赞扬的目标就会在力量上有大幅度的提升。

群体情感的简单与夸张使他们不知道怀疑与不确定性为何物。群体在这点上也和女人一样,很容易走极端。只要是群体认定的事情,不容许任何人质疑或反驳。个体处于孤立状态时,会因别人的反驳或质疑而心生厌恶之情,但这种情感并没有多大力量,可能只会令他稍有不快。但当他作为群体的一员时,他会因心中的嫌恶之情而变得怒发冲冠。

由于没有了责任感的约束,群体的情感会因此变得更加狂暴,这一点在异质性群体中表现得尤为突出。因为人多势众,群体中的个体便确信自己可以免予受罚。群体人数越多,个体对这一点就越肯定,并且个体在意识到自己人数众多后,一下子拥有了巨大的力量,于是就表现出孤立的个体不可能表现出的情感与行为。在群体中,呆子、蠢蛋以及妒忌心强的人都不再觉得自己百无一用,他们都认为自己一下子拥有了一种暂时的、残忍的,但巨大的力量。

不幸的是,在群体中,邪恶情感的夸张更为常见——这可以被视作原始本能留下的后遗症,由于害怕受到惩罚,孤立而有责任意识的个体必须克制自己的这些本能,群体由于从中解脱了出来,因而很容易犯下最卑劣的恶行。

然而，这并不意味着群体只会表现出龌龊的行为。只要巧妙地暗示，群体也会表现出英雄主义、献身精神及高尚的情操。群体甚至比孤立个体更能具备这些品质。我们会在研究群体的道德时，继续深入探讨这一点。由于群体在情感上过分夸张，因此只有极端的情感才能打动他们。如果演说家想要打动哪个群体，他就必须毫不吝惜地使用那些具有煽动性的言语，即使是捕风捉影的事也要言之凿凿。经常在公众集会上发表演讲的演说家常常采用夸夸其谈、斩钉截铁、不断重复的讲话技巧。他们只会一味地慷慨陈词，从不通过推理来论证自己的观点。

群体不仅自身在情感上过分夸大，他们还强求心目中的英雄也必须具有类似的特点。英雄表现出来的品质和美德总是被群体夸大。这一点已经有人做出了恰当的评论。人们发现在剧院里，观众总会要求剧中的英雄表现出现实生活中并不存在的勇气、品行及美德。

在剧院里，人们看待事物都是从特殊立场出发的，这一点我们已经意识到了它的重要性。毫无疑问，这种立场是存在的，但是它的规律与常识和逻辑并没有多大关系。也就是说，一出戏剧最终能否获得成功与剧本是否合乎逻辑并没有多大关系。能够吸引观众的戏剧可能并不是什么高雅艺术，但却要求演员具备独特的才能。通过阅读剧本,我们无法判断某些剧目是否会取得成功。就算剧院的经理们在接演某部戏剧时,也无法确保它一定就能获得好评。要想对一出戏做出正确的判断,他们必须站在观众的角度思考问题。[1]

在此,我们可以重新回到以前的论题,针对种族因素的决定性影响进行更为全面的论述。一部戏在某国演出时大获成功,但在另一国却门可罗雀,或者反应平淡,只得到了部分人的认可。之所以会有这样的结果,是因为它不具备激发另一个观众群体的要素。

我无须赘言,群体的夸张只发生在情感方面,智力方面则无表现。我已在前面阐述,个体一旦成为群体的一员,智力水平就立即大幅下降。博学的达尔德法官(M. Tarde)在研究群体犯罪时也发现了这一点。因此,群体只在情感方

---

〔1〕 这就揭示了为什么有时遭到各大剧院拒演的剧目,如果偶然得到演出机会,竟然大获成功。高佩先生(M. Coppée)的作品《为了桂冠》(*Pour la couronne*)近来获得了成功。尽管编剧小有名气,但在过去的十年里这部戏一直被一流的剧院拒绝。《查尔雷的姨妈》(*La marraine de Charley*)在没有剧院愿意接演的情况下,依靠一位股票经纪人的资助,最终登上了舞台,竟在法国演出了两百场,在英国演了一千多场。要是没有上面的说明(剧院经理无法从观众的角度思考问题),就无法理解为什么经理们能力过人且行事谨慎,却没有做出正确的判断。关于这一点我在这里无法深入讨论,因为这需要由萨尔瑟先生(M. Sarcey)那样既熟悉剧院事务又有着敏锐洞察力的心理学家来研究。

面表现出大起大落,这些情感可能会攀升到很高水平,也可能会一落千丈。

群体偏执、专横而且保守

群体的情感简单而极端。对于暗示给他们的意见、想法或信念,群体要么把它们奉为真理全部接受,要么视它们为谬误全盘否定。因而,信念往往通过暗示而非推理进入群体的头脑中。人们都知道,宗教信仰会使信徒变得偏执,完全受宗教教义掌控,这便是最好的例子。

群体的偏执和专横有两方面原因:一方面,对于何为真理何为谬误群体坚信自己的判断力,而且不容任何人质疑;另一方面,由于群体对自己的力量有着清楚的认识,他们总觉得自己势不可当,所以就表现得既偏执又专横。独立的个体可以接受别人的反对意见与讨论,但群体绝对不会的。在公众集会上,演说者最轻微的反驳立刻便会引来怒吼、抨击甚至公然的驱逐,接下来可能还会发生令演说者难以承受的行为。如有官方代表在场,公众可能还会心存顾虑,对自己的行为稍作收敛;如果官方代表不在,反对者甚至会被公众打死。

专横与偏执在各种类型的群体中都普遍存在,但强烈程度各不相同。在这里,种族的基本观念再次出现,人们的一切情感与思想都受到它的支配。尤其在拉丁民族群体中,专横与偏执已经发展到相当高的水平,人们完全丧失了盎格鲁—撒克逊民族所具有的强烈的个体独立意识。拉丁民族群体只对自己所属派别的集体独立性敏感,而这种独立性的特点就是要迅速、粗暴地征服持不同观点的人。在拉丁民族中,宗教审判以来各个时代的雅各宾派,对于人们的自由权利一直保持着相同的态度,从未发生过变化。

群体十分明了他们自身所表现出来的专横与偏执,只要有人挑唆,他们很容易就能产生、接受并实践这些负面情感。群体在强权面前奴性十足,不相信善良的人,认为善良是软弱的表现。群体从来不钟爱宽厚仁慈的主子,反而对凶狠残暴之辈忠心耿耿,甚至给他们塑像立碑。但是暴君一旦失去权势,群体就不再把他放在眼里,会立刻变得态度轻蔑,这是因为他现在也成了弱者,没什么好怕的。群体心目中的英雄从来都是恺撒式的:他的皇冠令人垂涎三尺,他的权势让人俯首称臣,他的军刀使人心惊胆战。

政权一旦无以为继,群体就会伺机造反;政权一旦变得强大,群体就会卑躬屈膝。由于群体总是冲动行事,如果时局动荡,就会时而恣意妄为,时而奴性十足。

如果因此认为群体的本性是革命的,就大错特错,而且也说明你被他们的暴力表象迷惑了。群体会发动起义，推翻政权，但这些都不过是暂时的行为。群体深受无意识影响，而无意识是经过千百年的传承而逐渐在人的头脑中生根的，所以群体实际上是极端保守的。用不了多久，群众就会对群龙无首的混乱局面感到厌烦，本能地渴望有个主子。在拿破仑以铁一般的政治手腕废除一切自由权利时，正是最傲慢、最难对付的雅各宾派们在欢呼雀跃。

如果不了解群体深层次的保守本性，就很难理解历史，尤其是群众的革命史。群体从不反对改朝换代，有时为了改变现状，他们甚至会用暴力手段发动革命。但无论是新建立的制度还是旧有的制度在本质上都是相同的，因为它们都体现着种族世代遗传下来的需求。群体只想在表面上做文章。实际上，他们和原始人一样，拥有着不可毁灭的保守本能。他们十分尊重和依赖传统，对一切会改变自己实际生活状况的新生事物有着与生俱来的恐惧感。要是在机械纺织机、蒸汽机及铁路出现的时代，民主制度便拥有今日之地位，那么这些发明就没办法实现了，除非以不断的革命和杀戮为代价。幸运的是，在文明的发展史上，人们完成了科学与工业的伟大发现之后，群体的力量才开始崭露头角。

群体的道德

如果将道德这个词理解为对社会习俗始终如一的遵守和对个人自私冲动的不断克制,那么很显然,群体不具有这种道德,因为群体既冲动又多变。然而,如果把群体那些转瞬即逝的品质,如奉献自我、不计名利、追求公平,也算作道德范畴的话,那么我们完全可以说,群体有时能表现出很高的道德水平。

心理学家中,对群体有所研究的寥寥无几,并且还都是从群体犯罪这个角度出发的。因为他们发现群体经常犯罪,所以他们就认定群体道德败坏。

群体确实经常发生犯罪行为,但这是为什么呢?简单地说,这是因为我们都从蛮荒时期的祖先那里继承了破坏性的凶残本能,它一直潜伏在我们每个人的内心深处。对于孤立个体来说,在自己的现实生活中满足这种本性,需要承受极大的风险,而一旦成为群体中的匿名一员,他就会由于不担心受到处罚而完全释放出这种本能。作为文明人,我们在一般情况下(除战争、刑事犯罪等)不能对自己的同类下手,于是这种本能便用在动物身上。这就是人们如此热衷狩猎,对各类动物大开杀戒的原因。群体慢慢地杀死毫无自卫能力的受害者,这种行为体现了群体具有某种懦弱的凶残。但是在哲学家看来，这与几十个猎人一起猎杀一头可怜的鹿时所表现出的残暴没什么不同。

群体会杀人放火，犯下滔天罪行，有时也可以表现出无私奉献、舍己为人的崇高品质，这种品质是孤立个体难以企及的。在荣誉、宗教信仰及爱国主义情感的感召下，群体中的个体最有可能采取行动，甚至牺牲自己的性命，他们也在所不惜。

历史上有许多类似的例子，如十字军东征和1793年的志愿军。唯有集体能够表现出大公无私和牺牲自我的精神。为了自己难以理解的信仰、思想和言语而英勇献身的群体数不胜数。群体之所以罢工，并不是为了提高自己微薄的薪水以及改善生活，他们更多的时候只是服从命令罢了。孤立个体的唯一目的就是实现个人利益，群体则并不看重这一点。诚然，以群体的智力水平，他们也不会理解战争的目的何在。他们不是为了实现个人利益而参战，但却心甘情愿地献身，他们就像是被猎人用镜子催眠了的云雀一样。

就算原本是十足的无赖，也往往会因为成为群体的一员而遵守非常严格的道德准则。泰纳指出，在“九月惨案”中，暴徒们把从受害者身上搜到的钱包和珠宝原封不动地摆到了会议桌上——尽管他们完全可以占为己有。1848年大革命时，衣衫褴褛的人们闯入了杜乐丽宫，但没有人从宫中抢走任何一件令人目眩的珍宝——而这其中任何一件都可以让他们一辈子吃穿不愁。

个体由于形成群体而在道德方面有所提升,这纵然算不上永恒的规律,却经常发生。就算情况不像我上面提到的那么波澜壮阔,也还是可以看出这一点的。我前面提到,在剧院里,观众希望从舞台上的主角们身上看到夸张的美德;在集会中,我们发现即使成员品格低劣,他们也会在会议中表现出一副正人君子的样子。群体的这些行为再正常不过了。即使是浪荡子、皮条客、平日喜欢粗言秽语之人,当他们遇到一些危险的场合,也会陡然变得低声细语,虽然这完全不符合他们平时的说话习惯。

尽管群体经常放纵自己卑劣的本能,做一些不义之事,但有时也会行高尚之举。如果说群体为了空泛或现实的理想而表现出来的无私、坚忍和奉献精神都可以算作美德的话,那么我们就可以说,群体时常表现出这些美德,并且其道德水准,就连最博学的哲学家也望尘莫及。群体无疑是在无意识地践行这些美德,但这并不重要,而且我们也没必要因此就指责群体,说他们的行动缺乏理性思考。如果群体总是深思熟虑,确保自己的利益不受损害之后才行动,那么这个星球上就没有哪个文明能够产生,人类也就没有历史了。

第三章

群体的观念、理性与想象力

如今,被上一代人奉为金科玉律的传统观念正在离我们远去。时过境迁,它们已经越来越站不住脚,同时,建立在这些观念之上的制度也岌岌可危。虽然每天都有很多我上面提到的转瞬即逝的观念产生,但其中能够真正发展壮大,并影响历史轨迹的寥寥无几。

群体的观念

在之前的著作中,我们研究观念在各民族发展进程中的作用时曾指出,每个文明都建立在少数永恒不变的基本观念之上。我们已叙述了这些观念是如何进入群体的头脑中的;虽然它们进入群体头脑的过程极其艰难,但一旦扎根,就会有惊人的力量。我们最终会看到,历史上的大动荡正是由于这些基本观念的变革引起的。

因为之前已经对该问题做了足够的探讨,这里就不再赘述了,只谈谈那些能被群体接受的观念及群体如何理解这些观念。

我们可以将这些观念分为两类:一类是在一定条件下产生的、偶然的或者短暂的想法,比如对某人或某种学说的迷恋;另一类则是在相对稳定的环境下和遗传条件下形成的基本观念,它们表现出极大的稳定性,如以前的宗教信仰、现在的民主思想及社会主义思想。

基本观念可比作河流中源远流长的主干道;短暂的思想则像朵朵浪花,不断地产生并迅速消亡,活跃在水流表面,虽然它们无法改变河水的流向,但会使河流显得更加绚丽多姿。

如今,被上一代人奉为金科玉律的传统观念正在离我们远去。时过境迁,它们已经越来越站不住脚,同时,建立在这些观念之上的制度也岌岌可危。虽然每天都有很多我上面提到的转瞬即逝的观念产生,但其中能够真正发展壮大,并影响历史轨迹的寥寥无几。

无论想让群体接受什么样的观念,都只能以一种非常绝对并且十分简单的形式进行,并且也只有这种形式才行得通。因此,观念常以图像的形式出现,因为只有以这种形式出现才最容易被大众接受。这些图像化的观念不需要符合任何逻辑上的相似性或延续性,它们甚至可以彼此替代,就像魔术师从箱子中拿出叠放在一起的玻璃杯一样,可以互相调换位置。而这就能解释,为什么互相矛盾的观念可以同时和睦地存在于群体的头脑中。偶然情况下,群体就会受到自身理解力范围内的某种观念的影响,做出令人意想不到的行为。由于完全缺乏批判精神,群体自身无法意识到这些观念之间存在矛盾。

这种现象并非为群体所特有,不少独立个体身上也表现出这个特点——不光野蛮人,在精神上与之相近的现代人亦是如此,如虔诚的宗教信徒。

受过教育的印度人就是很好的例子。我惊讶地发现,尽管他们在欧洲的大学里接受了现代教育,甚至获得了各种学位,但在他们的内心深处,与他们学到的西方理念完全背离的宗教观念仍然深刻地影响着他们的行为。有时,他们的言谈举止会受西方思想的支配,有时又会受传统的宗教观念的影响。由于在不同的情况下分别受到上述两种观念的支配,他们的行为就显得极其矛盾。然而,这些矛盾与其说是实际存在的,倒不如说只是表面现象。因为只有强大的遗传力量才能支配孤立个体的行为。个体总是受到世代相传的种族观念的影响。只有在通婚的情况下,个体才会受到不同种族观念的影响，不同的遗传刺激会使他的行为时常显得非常矛盾。尽管这一现象有着重大的心理学意义，但在这里多说无益，因为我认为至少要花上十年时间来游历世界并且勤于观察，才能理解它们。

群体只能接受形式非常简单的观念。为了能让群体接受某种高深的理论或思想理念，我们往往需要对它们进行彻头彻尾的修改，尤其是对那些深奥的哲学或科学观念，必须经过大幅度的简化，才能被群体理解。根据群体的不同类型或所属种族的不同，修改的具体方式也需要做出调整，但必须以简单易懂为原则。从社会学角度来看，任何观念实际上都不存在什么等级，没有高低贵贱之别。无论某种观念本来多么伟大而富于真理，它只有放弃高深晦涩的形式，才能被大众接受。

从社会角度来看，一种观念是否伟大并不重要，重要的是它能产生什么样的影响。中世纪的基督教思想、十八世纪的民主思想以及如今的社会主义思想——它们都不高深，但我们不能把它们当作人类哲学发展史上的旁门左道，恰恰相反，它们不仅深刻地影响了过去的历史，更将引领社会的未来发展，是决定国家兴衰的根本因素。

尽管高深观念经过不断简化可以被群体接受，但要发挥实际的影响，还需要借助各种条件。思想必须渗透到群体的无意识中,成为某种情感之后才能一展拳脚,但这一过程往往十分漫长——我们将在下面加以研究。

不要天真地以为,只要能证明某一种观念是正确的,它就会被人们接受,至少可以被头脑清醒的人接受。这绝对是错误的想法。原因很简单,大多数人并不关心一种观念是否正确、是否已经过检验。可能有头脑的人都会被严密的逻辑推理所说服,接受了某种观点,但那只是暂时现象,短短几天后他还是会不自觉地回到自己最初的立场,成为原有观点的捍卫者。事实上,原有观点在他心中已经根深蒂固,深入地影响着他,它们已经成了一种情感,构成了他的语言和行为的深层次动机。这同样适用于群体。

然而,当一种观念借助各种手段在群体头脑中扎了根,它便具备了不可抵抗的力量,甚至还会影响历史轨迹。作为法国大革命先导的哲学思想,花了将近百年时间才在人们心中争得了地位。一旦它们建立起来,便会形成一股摧枯拉朽的力量。整个法兰西民族为实现社会平等、抽象的权力及自由理想开始大踏步迈进,试图推翻王权,彻底扰乱西方世界。二十年间,欧洲各民族彼此征讨,互相残杀,那些惨绝人寰的大屠杀,连成吉思汗看了恐怕都会心生怯意。世界还未曾因为哪个新观念的传播而产生如此悲惨的结果。

虽然让群体接受新观念需要花费相当长的时间,但是让他们抛弃心中已有的观念同样艰难,所以在思想境界方面,群体总是比学者和哲学家落后好几代。如今,所有政治家都清楚地了解,我在上面提到的基本观念并不完美,并且还有很多错误的理念暗藏其中,所以他们已经不再相信这些观念。但即便如此,统治者还是必须以这些观念作为治理国家的原则和方针,因为它们仍然统治着人们的头脑。

群体的理性

我们不能太绝对地说,群体无法进行理性思考或不受理性影响。但是他们的思想和言论或者能对他们产生影响的思想理念,一般不具备多少逻辑。即使他们的思考过程勉强称得上是理性的推理论证过程,那也是十分低级的逻辑推理,抑或是我们的一种推断罢了。

但与高级推理一样,群体的低级推理也是建立在联系之上的,然而,群体只能把表面上具有相似性或者连续性的事物联系在一起。他们的头脑跟爱斯基摩人一样简单,通过尝试,他们发现冰这种透明的物质一放到嘴里就会融化,于是推断既然玻璃也是透明的,那么把它放在嘴里也会融化;或者又像野人一样蒙昧,以为吞下敌方勇士的心脏,就能获得他的胆魄；又或者像工人们那样，一旦被某个雇主剥削，就立马断定所有老板都是剥削者。

在理性方面，群体的特点是把只具有表面联系而实际上风马牛不相及的事物联系在一起，并把个别情况迅速普遍化。懂得操控群体心理的人总能运用群体的这一特点影响、说服他们。群体根本不在乎一种观点是否合乎逻辑，而且那些合乎情理、经得起反复论证的观点往往是群体所无法理解的，因而可以这么说，群体不善推理，或者说群体总是错误地推理且不受合乎逻辑的推理结果的影响。在阅读某些曾对群众产生极大反响的演说时，我们有时会为其空洞的说服力而感到惊讶不已。但我们忘记了这些演说是用来吸引群众的注意力，而不是供哲学家阅读推敲的。与群体打成一片的演说家，知道如何在群体的头脑中唤起意象，只要能成功地做到这一点，他们就能实现自己的演说目的；苦读二十本经过深思熟虑、严密论证的名著，也不如讲几句深入人心的话管用。

毫无疑问，既然群体无法思考，也就没有丝毫的批判精神，也就是说，他们无法分辨真理与谬误，对待一切事物无法形成自己的清晰判断。群体只接受强加给他们的判断，从不接受通过讨论形成的意见。在这一点上，很多个体也不见得比群体高明。某些观点能够轻而易举地得到普遍认同，原因在于大部分人觉得,他们无法通过自己的推理形成独到的见解。

群体的想象力

与一切不善推理的个体一样,群体的想象力很突出,既强大又活跃,并且想象中的图像还会给群体留下深刻的印象。一个人、一件事或一次事故能在他们头脑中激起一系列的图像,并且这些图像栩栩如生,群体甚至以为那就是现实存在的。群体就像睡梦中的人,完全丧失了理性思维能力,头脑中不断涌现大量图像,一旦他们恢复了理性思考,这些图像很快就会消失殆尽。

由于群体很少思考又不善推理,所以在他们眼中,没有什么事是不可能实现的。事实上,越是不可思议的事情,就越能引起群体的注意。这就是为什么事物玄妙离奇的一面总是最能打动群体的原因。其实,当我们分析一种文明时就会发现,正是玄妙离奇的事物构成了文明的根基。在历史中,表象往往比真相重要得多,虚假的总是压过真实的并占据主导地位。

群体只会进行形象思维,所以它只会被各种形象所打动。只有图像能唤起群体的各种心理感受并吸引群体成员的注意,进而促使他们采取行动。

同样地,作为最生动的艺术表现形式,戏剧表演所呈现的画面总能强烈地影响群体。在古代,罗马的平民认为,有饭吃、有戏看的生活就算得上十分幸福了。时代在变迁,但这个标准却没怎么变。对于各种类型的群体来说,没有什么比戏剧表演更能激发其想象力了。在剧场里,所有观众都会在同一时间产生同样的情感,但这些情感并不会立刻转变为行动,因为哪怕最傻的观众也知道,他们面前的表演是假的,自己不过是沉浸在编剧用想象力构建的世界中。然而,观众有时还是会被表演激发出格外强烈的情感,这种情感只要达到一般暗示的强度,就会促使观众行动。我们时有耳闻,上演悲剧期间,剧院在每次演出结束时,都会注意对反面角色的演员采取一定的保护措施,以防止情绪激动的观众对他们拳脚相加。观众们有时虽然知道戏剧情节是虚构的,但他们还是无法控制自己的满腔怒火。我认为这种现象就很好地体现了群体精神状态中的一个显著特征:易受暗示。对群体来说,虚假的事物与真实的事物具有同样的影响力,因为他们会将真假事物混为一谈。

无论征服者想要获得权力,还是国家统治者想维持长治久安,他们都必须借助群众的想象力。若要驾驭群体,就必须在这方面下功夫。历史上的一切重大事件——佛教、基督教和伊斯兰教的兴起,宗教改革、法国大革命以及如今社会主义的兴起——都是直接或间接地利用了群体的想象力才得以产生和发展的。

同样,各个时代、各个国家的伟大政治家,甚至是最残忍的独裁者,都承认群众的想象力是他们权力的基础,他们的统治离不开它。拿破仑曾在国会上说:“通过皈依天主教,我结束了旺代战争;成为穆斯林,我在埃及站稳了脚跟;变成教皇绝对权力的拥护者,我得到了意大利神父们的支持;如果去统治一个犹太国家,我就会重建所罗门神庙。”自亚历山大和恺撒以来,可能再没有哪个伟人比拿破仑更懂得如何激发群体的想象力了。他不断地思索如何打动民众。他在胜利时、在作演说时、在做所有事的时候都在考虑,甚至临终之前还在盘算着。

如何激发群体的想象力?我们很快就会知道。我们目前只需要指出,肯定不能通过智力或理性方面的因素,即不能通过论证方法来激发群体想象力。恺撒的好友安东尼并不是用机智的滔滔雄辩来鼓动民众去反对谋杀恺撒的人,而是一边指着恺撒的尸体,一边朗读他的遗嘱。

能激起群体想象力的事物都具有惊人而鲜明的形象,只要我们能呈现出这样的形象便可以达到激发群体想象力的目的。这时,任何解释都是多余的,不过我们可以展现一些玄妙而离奇的事情:某一伟大的胜利、某个壮丽的奇迹、某一严重的犯罪案件或是一个美好的前景。我们必须把事物作为整体呈现在群体面前,但对其起源应讳莫如深。群体对上百起小型犯罪案件或者小事故无动于衷,而一个重大犯罪案件或一次恶性事故,却可以给他们留下深刻的印象,哪怕它造成的损失远没有上百起事故加起来那么严重。几年前的一次大型流感,仅在巴黎地区,短短几周内就有五千人丧生,可是这次流感在整个社会上并没有造成恐慌。因为民众对这次事件的了解仅限于每周发布的统计数据,而且呈现这件事的过程中并没有什么生动的画面,也没有鲜活、惊人的形象。因此,虽然它实在称得上是一次恶性事件,但却没有激起群众的想象力。相反,不要说五千人,一个仅仅造成五百人丧生的事故,只要是在同一天或者在某个公共场所于众人面前发生,事故本身就会受人关注,比如埃菲尔铁塔的轰然倒塌,就会引发强烈的反响。再比如说,一艘大西洋客轮由于人们一直无法与之取得联系,被认定为失事,公众在长达一周的时间里一直十分关注这个事件。然而,官方统计数据显示,仅在1894年一年内,就有八百五十艘帆船和二百零八艘汽船失事。这些船只加在一起造成的人员伤亡和物资损失,肯定比上面提到的那艘大西洋客轮要多得多,但却丝毫没有引起群众的关注。

所以影响群众想象力的，并非是事件本身，而是时间的发展过程与表现形式。我可以这么说，只要对事件进行一定的浓缩提炼，就会产生使人大吃一惊的效果，因此便会给群众留下深刻的印象，并让人久久无法忘怀。

掌握了激发群体想象力的艺术，也就知道如何统治他们了。

第四章

群体信仰的宗教形式

一个人只是崇拜神灵还算不上虔诚，当他将自己的所有才智、发自肺腑的忠诚与狂热，都倾注在某项事业上或某个人身上，并使之成为自己思考与行动的目的和导向，这才称得上是名副其实的信徒。

我们已经指出，群体不具备理性，从不对事情进行推理论证；对于新思想，他们要么全盘接受，要么全部否定，从不接受讨论或者异议；有些暗示一旦发挥了作用，就会对群体产生影响。在暗示的刺激下，群体的理解力被彻底征服，他们有可能在冲动之下立刻将头脑中的想法付诸实践。还有在适当的暗示下，群体会为了理想而牺牲自己的利益。我们还发现，群体只有强烈而极端的情感，在群体中，好感很快会转变为崇拜，厌恶很快会升级为仇恨。通过这些一般迹象,我们便已经能猜测出群体信仰的本质了。

在对群体信仰进行仔细观察之后,我们发现,无论是在宗教狂热时代,还是在重大政治暴动的时期——十八世纪——群体的信仰总具有某种特别形式,除了称之为宗教情感(sentiment religieux),我找不到更好的说法。

这种宗教情感简单明了:群体会把崇拜对象想象成无所不能的神奇人物,并在想象中赋予他高高在上的地位;由于畏惧他所具有的神奇力量,群体对他下达的命令言听计从。群体虽然拒绝与别人讨论自己的信条,但希望别人也接受这些信条,任何不承认这些信条的人都有可能受到他们的仇视。无论群体的崇拜对象是看不见的神灵、石头或者木头做的偶像,还是某个英雄或者政治理念,只要它表现出上述特征,就总是带有一定的宗教色彩。在上述情况中,他们的崇拜对象均表现出一定程度的超自然和神奇的特质。群体下意识地认为,无论那些令人热血沸腾的政治标语,还是由于打了胜仗而受到狂热拥戴的领袖,都具有某种神秘力量。

一个人只是崇拜神灵还算不上虔诚,当他将自己的所有才智、发自肺腑的忠诚与狂热,都倾注在某项事业上或某个人身上,并使之成为自己思考与行动的目的和导向,这才称得上是名副其实的信徒。

偏执和狂热总是与宗教情感相伴而生。一个人若是认为掌握了让自己此生幸福、永远快乐的秘密，就必然表现出这两个特征。群体一旦被某个信仰征服，同样也会表现出偏执与狂热。恐怖时期的雅各宾派在本质上与宗教法庭时代的天主教徒无异，他们都无比虔诚，表现出的那种近乎残酷的热情有着相同的来源。

无论是哪个教派的信徒，都具有宗教情感：盲从、偏执，通过富于煽动性的说教去宣传自己的信仰。群体就具有这样的宗教情感。因而，我们可以这么认为，他们心中笃信的任何信念都具有宗教色彩。群体所崇拜的英雄在群体心目中就是神。拿破仑就是个很好的例子。在长达十五年的时间里，他的追随者比任何一个宗教的信徒都多，并且这些人都心甘情愿地为他卖命。即使是基督教的耶稣与佛教的释迦牟尼也从未对自己征服的灵魂有过如此绝对的控制。

人们创立一切宗教或政治信仰的目的，就是使群众为之狂热，在崇拜与服从中得到快乐，甚至随时准备为自己的偶像献出生命。这种情况在各个历史时期皆有表现。福斯代尔·德·库朗热（Fustel de Coulanges）曾著有一本关于罗马占领高卢的书。

他写道:"罗马帝国肯定不是仅仅依靠武力维持自己的统治的,而是靠激发人们产生虔诚的崇拜。"他说的不无道理,"历史当中,恐怕没有哪个受到人民厌恶的政权能够维持长达五百年的统治……帝国只有区区三十个军团,如何能震慑住一亿民众并使之甘愿臣服,这太不可思议了。"他们之所以屈服,是因为罗马的伟业被人格化了——皇帝被国民尊为神。帝国的疆域内,就算再小的村落,都设有皇帝的祭坛。"我们发现,在那个时代,在帝国辖区内,人们心中产生了新的宗教信仰,即效忠皇帝。在基督教时代来临之前,为了纪念奥古斯都大帝,整个高卢的六十个城邦都建起了神殿,这些神殿与今天里昂附近保留下来的那座相似……神殿的祭司是在整个高卢地区内统一选出来的,他们都是当地具有很高声望和地位的人……我们无法把所有这些都归结为畏惧或奴性。因为即便个别人喜欢奴颜婢膝,总不可能整个民族的人都奴性十足吧,更何况是三百年里一直扮演奴才。崇拜君王的并非朝臣,而是他们的子民。不仅仅在罗马如此,在高卢,在西班牙,在希腊和亚细亚皆是如此。"

如今,人们虽然已经不再为心中的英雄设立祭坛,但我们却随处可见他们的雕像或画像,而人们对伟人的崇拜与从前相比并没有什么实质区别。我们唯有深入研究群体心理学,才能真正弄清历史规律。不论群体需要什么,他首先需要的是可供崇拜的神。

不要简单地以为,这只是由于过去人们普遍迷信、缺少理性造成的。要记住,在与理性的永恒较量中,情感向来更胜一筹。虽然群体已经摆脱了神和宗教的长期奴役,但是近一百年来,群体的偶像层出不穷,与过去相比,从前的神也从未有过如此多的塑像和祭坛。研究过近些年来著名的布朗热主义(boulangisme)运动的人就会留意到,群体身上的宗教本能极易卷土重来。在任何一个小村庄的任何一间小旅店里,人们都可以看到这位英雄的画像。人们认为他具有惩恶扬善、济世救民的神圣力量,成千上万的人甘愿为他卖命。要是他确实具有传说中的超能力,那他会是历史上怎样一位重要人物啊。

群体需要宗教,这已经是不值一提的常识了。因为一切在群体中扎根的政治、神学及社会信条采取的都是宗教形式。宗教形式可以避免由于讨论带来的危险。即使群体有可能会接纳无神论,他们也将很快表现出宗教情感式的偏执与狂热,这种情感很快就会表现在群体的崇拜行为上。实证主义这个小派别的发展给我们提供了一个值得思考的例子。与伟大的思想家陀思妥耶夫斯基有关联的虚无主义者身上发生的事,很快便发生在实证主义者身上了。一个信徒某天在理性思考的启发下,把装饰在教堂祭坛四周的神和圣人的画像撕得粉碎。将蜡烛吹灭后,他赶紧把某些无神论哲学家,如毕希纳和摩莱肖特的著作放在了之前悬挂画像的地方,然后,他又虔诚地把蜡烛重新点燃。他崇拜的对象确实是变了,但是我们能说他已经完全抛弃了自己的宗教情感吗?

我要再次指出,只有我们了解群体信仰一贯的宗教形式,才能很好地理解某些历史事件,确切地说,是那些最重要的历史事件。研究某些社会现象,需要从心理学角度,而不是自然主义角度出发。伟大的历史学家泰纳只从自然主义角度研究法国大革命,所以他发现不了某些历史事件的真正原因。他对事件本身的观察非常仔细,但由于不了解群体心理,所以无法把握事件的根本起因。这些事件血腥、混乱而且残酷,令他十分震惊,因为从史诗中的英雄身上,他很少能看到一群疯狂的野蛮人恣意妄为,任凭自己释放本能。如果我们把大革命视为一种在群体中新树立的宗教信仰,就能很好地解释他们表现出的残暴与血腥了。他们目空一切,敢于向任何事物宣战;他们迫不及待地想要宣传自己的理念。宗教改革、圣巴托洛缪大屠杀(la Saint-Barthélemy)、宗教战争、宗教法庭及恐怖时期也都是这种状况。群体受到宗教情感的激发,由此而生的狂热情绪要求他们用暴力来消灭任何反对这一新思想的人。所有虔诚的信徒都热衷采取宗教法庭的方法来解决问题。他们要是用了其他办法,也就算不上信徒了。

我在上一段中提到的那些大动乱,只有在受到群体意识的呼唤之时才会有发生的可能。这些事件不会因为哪个个人的意志而产生,就算最有控制力的君王也无能为力。有些历史学家认为,圣巴托罗谬惨案是某个国王一意孤行所酿成的大祸。这说明历史学家并不比国王高明多少,因为他们完全忽视了群体心理。这种事件的发生,源自群体心理的缓慢酝酿。哪怕是最专制独裁的君王,也不过只能使事件的发生提前或者延后一些而已。并不是哪个国王造成了圣巴托罗谬惨案或宗教战争,恐怖统治也并非罗伯斯庇尔(Robespierre)、丹东(Danton)或者圣·朱斯特(Saint-Just)某个个人的过错。在事件背后推波助澜的,不是君王的权力,而是群体的灵魂,这只"看不见的手"在发挥着决定性的作用。

第二卷

群体的意见与信念

第一章

影响群体意见与信念的间接因素

群体有时会突然冒出一些新观念，虽然从表面看，这些观念更像是群体在无意识之下自发产生的，但是这些新观念的力量和它们所引发的后果却会达到令人瞠目结舌的程度。某些观点的爆发与付诸实践有时确实让人感觉很突然，但这只是一种表面现象而已。实际上，这些观念的背后肯定存在一种积蓄良久的因素。

在前面的章节中，我们研究了群体的精神构成。在对他们的感受、思考和推理的方式有了一定的了解之后，我们现在将研究群体的主张和信念是如何产生并逐步建立起来的。

对群体的主张与信念具有决定性影响的因素可以分为两种：间接因素与直接因素。

所谓间接因素,是指那些能使群体接受某些信念,却再也无法接受其他信念的因素。这些因素为某些新观念的突然诞生做了铺垫。群体有时会突然冒出一些新观念,虽然从表面看,这些观念更像是群体在无意识之下自发产生的,但是这些新观念的力量和它们所引发的后果却会达到令人瞠目结舌的程度。某些观点的爆发与付诸实践有时确实让人感觉很突然,但这只是一种表面现象而已。实际上,这些观念的背后肯定存在一种积蓄良久的因素。

所谓直接因素,则是指那些促使观念或主张成形并爆发出来的因素,它能成为说服群体采取行动的资源。直接因素需要长期的积淀才能发挥作用,这一点是毋庸置疑的。群体突然把某些主张付诸实践,这种状况就是直接因素发挥作用的结果。正是这种因素激发了群体行动的决心。群体爆发骚乱、决定罢工以及拥戴或推翻政府,都是由于受到了这种因素的影响。

在所有重大历史事件中,人们都可以观察到这两种因素相继发挥作用的场景。这里只举一个最典型的例子,推动法国大革命的间接因素包括哲学家的著作、贵族对民众的压迫及科学思想的进步。在这些因素的基础上,群体极易在演说家富于煽动性的演讲下变得激昂澎湃,尤其当他们意识到,政府只是在消极地维持现状时,便会更加愤怒。

在这些间接因素中,种族、传统、时间、制度及教育具有普遍意义,可以说,群体的一切主张和观念,都打上了它们的烙印。

下面我们将对这些因素分别加以研究。

种　族

种族是其中最重要的因素,应该放在首位。我曾在另一本著作中深入研究过种族,所以在这里不再展开阐述。在过去的著作中,我们指出了历史上的种族所具备的特点。一旦种族形成了自己的特质,通过遗传规律的作用,它就会拥有强大的力量;信仰、制度和艺术,一言以蔽之,文明构成要素的方方面面,都是种族本质属性的外在表现罢了。我们还指出,种族的力量如此强大,以至于任何要素想从一个种族传播到另一个种族,都必须经历彻底的改造。[1]

历史上某一时期的自然环境、社会形势及重大事件都代

〔1〕 这一观点仍然称得上新颖,不接受它,就没办法理解历史。在本人的上一本书《各民族演变过程中的心理学规律》(*Les Lois psychologiques de l'évolution des peuples*)中,有四章就是阐述这一观点的。透过具有迷惑性的表象,读者会认识到,文明的任何元素——语言、宗教、艺术等——都没办法原封不动地从一个民族传给另一个民族。

表着当时的社会暗示,虽然它们可能会产生很大的影响,但如果这种影响与种族的暗示产生冲突,也就是说,如果这种影响与一个种族世代相传的特性相互对立,它便是暂时的,不会长久存在。

在下面的几个章节中,我们还将多次谈到种族的影响,这种影响如此强大,它甚至决定着群体气质的特征;基于这一点,属于不同种族的群体才会在信仰和行为方面表现出极大的差异,因此,不同国家的群体受影响的方式也各不相同。

传　统

传统体现的是过去的观念、需求及情感。它们是对种族特性的概括,对后代具有深远影响。

自从胚胎学证实了“过去对人类进化具有很大的影响”之后,生命科学发生了重大变革;如果这一理论得到普及,相信历史科学也会经历一场不小的变革。但是目前它还没有得到广泛的推广,所以仍有不少政治家还是那么冥顽不灵,他们的理论并不比十八世纪的理论家先进多少。他们认为社会可以彻底与其过去割裂开来,可以完全遵照理性的指导进行发展。

民族是在过往的历史中形成的有机体,并像一切有机体那样,只能通过缓慢的遗传积累发生变化。

人们的行为总是受传统的支配，尤其是在形成群体后，这种支配作用就更加明显；并且，就像我一再强调的那样，轻而易举地就被人们改变的东西不是传统，而是传统的名称或外在形式而已。

我们没有必要因此而感到遗憾。要是没有传统，民族气质就不会存在，文明也不会诞生。人类自诞生之初，就肩负着两大重任：一是创立一套传统；二是在其有益的作用消耗殆尽时，再努力把这套传统摧毁。

没有传统，就没有文明；不摧毁破败的传统，人类就无从进步。这是个棘手的问题，因为人们很难在稳定和变化之间找到平衡。如果一个民族世世代代都严格地维持自己的传统，它就会变成一潭死水——就像辛亥革命以前的中国那样——根本谈不上进步，即使是革命暴动也没办法打破僵局。因为革命过后，要么被推翻的制度和体系卷土重来，社会还是由旧有的传统支配着；要么传统完全被打破，新的传统一时没有建立起来，社会必将处于四分五裂的无政府状态。

对于一个民族来说，最理想的状态就是大体上维持原有的制度，对它进行缓慢而渐进式的改良。这一理想很难实现，好像只有古时候的罗马人和现代的英国人把这种理想变成了现实。

群体——尤其是处于某一社会等级的群体——是传统观念最顽固的捍卫者,他们固执地反对一切变革。我依旧坚定地认为,群体在本质上是保守的,他们最猛烈的反叛最终也只会引起一些名称的变化,而不会造成传统的变化。十八世纪末,天主教遭到唾弃,人们破坏教堂,驱逐甚至处决了不少神父,似乎这一古老的宗教信仰大势已去;然而,短短几年过后,人们纷纷表示,想要重新确立天主教的统治地位。[1] 古老的传统,只是暂时消失,很快又会重拾雄风。

这个例子最能体现传统对群体思维的强大影响。最令人崇拜的偶像并不在寺庙里,最残暴的昏君也不在庙堂上,因为他们可以在眨眼之间轰然倒塌。然而传统,虽然看不见摸不着,却实实在在地控制着我们的一言一行,任我们再怎么反抗也无济于事,它总能安全地躲过一切反叛。它只能在时间的长河中被一点一点地销蚀掉。

----

〔1〕 泰纳引用了前国民公会议员福克罗伊(Fourcroy)的报告,该报告很好地解释了文中的观点:"全国各地开始有人庆祝礼拜日、去教堂,这一现象表明,法国大众想要重拾旧日的习俗,同时说明了,抗拒这一民族爱好已经不大现实……人们需要宗教、崇拜及神父。认为可以通过普及教育来消除宗教偏见,是现代哲学家的谬论,我本人也曾一度受其误导。宗教是很多不幸的人获得安慰的途径……所以,应当允许人民群众拥有牧师、祭坛,允许他们公开做礼拜。"

时　间

时间不仅能够使大自然由沧海变为桑田,也能使人类社会经历翻天覆地的变化。只有时间能缔造一切,也唯有时间能毁灭一切。时间能积土成山,也能使地质时期的模糊细胞不断进化成尊贵的人类。数百年的时间足以改变任何事物。人们常说,哪怕是小小的一只蚂蚁,只要给它足够的时间,它就能将勃朗峰(le mont Blanc)夷为平地,这话不无道理。要是一个人拥有随意操纵时间的神奇力量,在信徒眼中,他就成了上帝。

然而,在这里,我们只关注时间在群体的信念形成过程中的作用。在这方面,它同样发挥着巨大影响。某些重大要素,比如种族,需要相当长的时间才能形成。在时间的作用下,一切信仰得以诞生,发展壮大,再逐渐消亡:它们得到力量和失去力量都离不开时间这个条件。

尤其是时间孕育了群体的主张和观念,或者至少为它们的诞生准备了土壤。这就是为什么某些思想只会诞生在某个特定时代,而不是另一个。时间将过去的信仰和思想的无数片段积累下来,现代的思想进而从中诞生。它们的出现并非偶然或意外,它们之中的每一个都经历过漫长的演变。是时间为它们准备好花蕾,它们才得以绽放;想要理解事物的缘由,就需要不断向上追溯。它们既源自过去的积淀,又会对未来做铺垫,这一切都在时间的控制之中。

因而时间是我们名副其实的主人,在不断流淌的时间长河中,一切事物都在不断地发展变化中。如今,我们意识到群体的可怕力量,认为这必将带来巨大的破坏与剧烈的动荡,并由此陷入深深的不安。然而,一切只能交由时间处置,随着时间的推移,社会可以重新达到平衡。拉维斯先生(M. Lavisse)的观点很有道理:“没有哪个政权是一天之内建立起来的。政治及社会组织的形成都经历了数百年的积淀;封建制度经历了数百年的混乱动荡之后,才确立了自己的统治规则;君主制同样用了几百年,历经多次重大震荡,才稳固了自己的统治。”

政治及社会制度

有人认为,良好的社会制度能够解决社会上存在的种种问题;只要对体制和政府进行改良,国家就能不断发展;由政府发号施令,社会变革就会实现。我敢说,大多数人至今仍赞成这种观点。它既是法国大革命的出发点,也是目前诸多社会学说的基石。

一直以来,人们的不断实践都不足以动摇这种谬论。哲学家和历史学家试图证明其荒谬性,却总是无功而返,然而他们却能轻而易举地证明,制度是观念、情感及风俗的产物。我们可以重新制定规章制度、法律条文,但观念、情感及风俗不会随着它们的变动而发生改变。一个民族无法任意选择自己的制度,正如人们不能选择自己的眼睛和头发的颜色一样。制度和政府都是种族的产物:它们并不是时代的创造者,而是时代造就了它们。也就是说,到了什么样的时代就会有什么样的制度和政府产生。统治每个民族的政府和制度都不是一时冲动的产物,而是由每个民族的特征决定的。一个政治制度的形成需要数百年的时间,改变它也同样需要几个世纪的努力,绝不可能一蹴而就。

制度本身无所谓优劣。在特定时期令某个民族走向兴盛的制度,不一定会带来另一个民族的振兴,如果生搬硬套,没准还会阻碍它的发展。

一个民族根本不具备改变其政治及社会制度的力量。即使以最狂暴的革命为代价,换来的也只是名称的改变,原有的社会基础并不会发生什么变化。名称只是无意义的标签,历史学家们讲求透过现象认识本质,因此,这些表面文章他们一点也不关心。

虽然英国一直施行君主制,但它却是世界上最民主的国家。[1] 而原属西班牙的美洲共和国家,即使根据宪法确立了共和制,但实际上却进行着专制的统治。决定一个民族命运的,是它们的民族特征,而不是它们的政府。在上一本书中,我就曾试图以典型事例来证明这一观点。

因此,只有迂腐的修辞学家,才会煞费苦心地编制宪法的条条框框。这一浩荡的工程实际上毫无用处,简直就是浪费时间。最明智的做法就是让实用性和时间这两个因素发挥作用,担当起完善制度的职责。盎格鲁—撒克逊人正是这么做的。正如他们伟大的历史学家麦考利(Macaulay)所说,法律所带来的一切好处,从纯粹理性的角度来看,都是那么混乱不堪,而且还充满了荒谬与矛盾。所有拉丁国家的政治家都应该牢记这段话。麦考利还把英国的宪法与拉丁民族的做了比较,他发现前者是一步一步缓慢地发生变化,它直接从现实需要出发,而不是在头脑中从理论上论证其可行性,然而后者总

[1] 甚至美国最进步的共和主义者也承认这一点。最近,美国《论坛》(*Forum*)杂志明确地表达了这种看法,我在此引用 1894 年 12 月的《评论之评论》(*Review of Reviews*)中的一句话:“人们绝不会忘了,就连贵族制最坚定的反对者也无法否认,英国是当今世界最民主的国家,在这个国家,个人权利得到了最大限度的尊重,个人具有最大限度的自由。”

是疯狂地制定法律条文，这些条文常常在动乱中被抛弃。麦考利说："改革是否有必要，要看它是否实用；不因对称、工整而制定法律；不因异乎寻常而抛弃法律；若实行起来惹人抱怨，可以改革；若能消除这种抱怨，可以改革；针对具体情况所制定的条款应严谨，不可使其所限范围超出这一特定情况——这些条款从约翰国王时代到维多利亚女王时代，在二百五十届议会的各种决议中，一直被奉为普遍指导原则。"

要想说明各个民族的制度和法律在多大程度上反映着一个民族的需要，就有必要对它们进行逐个分析，正因为制度和法律体现着一个民族的需要，所以任何民族都不能进行粗暴的革命。以中央集权为例，从理论角度，我们可以很容易说清楚它的优点和缺点，但是当我们发现，一个由不同种族组成的民族，花了千年时间来维护这一制度时；当我们看到一场旨在摧毁一切旧制度的大革命最终不得不采取这种集权形式进行统治，甚至还进一步强化它时，我们不得不承认，这种制度体现了这个民族的迫切需要，它甚至称得上是这个民族安身立命的条件。对那些扬言要摧毁这种制度的政治家，我们应该表示担心，因为他们还没有意识到这一制度的重要性。如果他们侥幸取得了成功，推翻了这种制度，那将预示着一场可怕的内战即将到来,[1]其结果就是建立比从前更加残酷的新的中央集权。

综上所述,制度并不能对群体的秉性产生深刻影响。我们发现,某些国家,如美国,在民主制度下达到了高度的繁荣,但另一些国家,比如那些原属西班牙的美洲共和国,它们虽然实行了与美国十分相近的制度,却挣扎在混乱当中。由此可见,制度与国家的繁荣或衰败没有关系。每一个民族都有其独有的特征,它们都受到这些特征的支配,任何与之不睦的制度,都只是短暂地充充门面,没办法长久维系。然而,总有一些政治领袖想在自己的国家强制施行某种制度,所以血腥的战争、残酷的革命可谓历史的必然,还会陆续上演;这种制度仿佛拥有超自然力,人们就像着了魔一样,总是认为它能带来幸福,他们就像看待圣人的遗骨一般看待这种制度。这样看来,制度在一定程度上对群体产生了影响,若不然怎么会有这样的暴动发生。但事实上,并不是制度在起作用。因为我们

[1] 试比较法国大革命时期划分各政党的某些深层的宗教和政治分歧,以及法德战争接近尾声时再度表现出来的种族问题和分裂主义倾向,我们会发现,如今,共同生活在法兰西土地上的各种族还远没有实现真正的融合。大革命时期实现了强有力的中央集权,创立了旨在打乱原有省区划分的新行政区,这无疑是最有意义的成果。要是实行当前那些缺乏远见的人所大力鼓吹的分权制,就会立刻引发最血腥的混乱。忽视了这一点,也就完全抹杀了法国历史。

知道，无论一种制度能否成功运行，它自身都不具备任何影响群体的力量。影响群体意识的是幻想与话语，尤其是话语，总能深深打动群体。关于这一点我会在下文展示其惊人的力量。

教　育

在我们这个时代，人们普遍认同的观点中有这样一个观点：教育能够显著地改变一个人。人们认为教育绝对可以使人得到提升，还能缩小人与人之间的差距，从而使世界变得更加平等。由于这种观点被不断地重复，以至于它已经成了人们心目中不可动摇的民主信条。现在，攻击这一观点就像以前攻击教会的教义一样困难。

在教育问题上，民主观念与心理学理论和经验主义理论迥然不同。一些杰出的哲学家，包括赫伯特·斯宾塞在内，轻易地就证明了这一点：教育既不能使人变得更加高尚，也无法增加人的幸福感；它无法改变人的本能，也改变不了世代相传的种族情感；如果引导不善，它引发的问题就会远远多于益处。统计学家已经为这些观点找到了证据：随着教育的普及——至少是某种教育的普及，犯罪率不断提高；社会最恶劣的敌人——无政府主义者——往往是学校里的尖子生；杰出的法官阿尔道夫·齐洛先生（M. Adolphe Guillot）在最近的一项研究中指出：如今，在所有的罪犯中，受过教育的与没受过教育的比率为 3 :1;另外,五十年来,犯罪比例从每十万人中的二百二十七人上升到五百五十二人,增长了 133%。他和他的同事们都发现,犯罪活动在年轻人中的增长尤为明显,而众所周知,过去他们早早地开始工作,现在却都还在接受免费的义务教育。

这并不代表教育一无是处——也没有人会这么认为。如果教育方法得当,应该可以产生有益的实际效果,就算不能提高人的道德水平,至少也可以增强其专业技能。不幸的是,尤其是在过去的二十五年当中,拉丁民族把自己的教育体系建立在非常错误的原则之上,尽管有布雷艾尔(Bréal)、福斯代尔·德·库朗热、泰纳等杰出人才的不懈努力,但整个民族还是没能走到正确的道路上来。我在先前的一本书中表明,法国现行的教育体制把大多数受过这种教育的人变成了社会的敌人,其中不少人还纷纷倒向了极端的社会主义阵地。

这样的教育制度可能很适合拉丁民族,但它存在很大的弊端:它以完全错误的心理学理论为基础,认为学好课本知识就可以提高一个人的智力水平。在这个原则的指导下,人们大量学习书本知识;从小学读到博士毕业,年轻人的头脑中都是书本上的条条框框,他们的判断力与积极性根本得不到培养与锻炼。对他们来说,教育就是背书与服从。

前公共教育部部长儒勒·西蒙(Jules Simon)写道:“学课

文，记语法，背提纲，能一字不差地重复指定内容并且善于模仿的学生就是优等生——现行的教育体制实在可笑，它只会使学生们逐渐形成这样一种信念：老师永远是对的。这种教育方式只会使人变得无能，根本意识不到自身的价值。”如果说这种教育只是无用，我们至多只是对这些不幸的孩子们表示同情，不会多加指责，毕竟孩子们还学会了克洛泰尔家族（Clotaire）后裔的宗谱、纽斯特里亚（la Neustrie）和奥斯特拉西亚（l'Austrasie）之间的斗争及动物的分类这些内容。教授学生这些而不是教他们在小学阶段应该掌握和了解的必要知识，会带来严重的危害。它会使受教育者极为厌烦自己的生活现状，强烈渴望得到解脱，而且这种心理还会影响他们的未来生活。工人不想一直在工厂做工，农民不愿一辈子面朝黄土背朝天，而受影响最深的是资产阶级，他们只希望自己的后代成为公务员，领取国家俸禄，不想让他们从事任何别的工作。学校教育根本没有为学生以后的生活做好准备，它只是在培养公务员，因为这种工作既不需要明确的自我定位，也不需要积极主动的意识就可以胜任。在社会的底层，这种教育制度制造出大批无产者，他们对自己的境遇愤愤不平，随时准备揭竿而起；在社会上层，它培养出了肤浅的资产阶级，他们既多疑又轻信，既迷信国家的力量，又不断在心中产生反叛意识，一旦犯错，总是把责任推给政府，然而离开国家的支持，他们又什么事也办不成。

通过教育,国家培养出不少有文化的人,但实际上国家对这类人才的需求十分有限,于是不少人只能待业。因为国家的体制只供养先来者,后来的人自然会对体制产生不满情绪。从社会金字塔的顶层到底层,从小职员到教授和省长,大量有文凭的人都迫切地想成为公务员,为国家工作。于是,商人想要找一个为他打理殖民地生意的人难上加难,而政府中最不起眼的职位也有成千上万人竞聘。仅在塞纳省,就有两万名有教师资格的人在家中待业,他们对田间劳作和工厂做工不屑一顾,一心只想捧上国家的金饭碗。能如愿以偿的人毕竟十分有限,更多的人则心怀不满。他们随时准备着要革命,甚至不问革命的领导者是谁,也不想知道他们是为了实现怎样的政治目的。满腹经纶却无用武之地,这必然会让人想要造反。[1]

---

〔1〕 然而,这种现象并不专属于拉丁民族,中国同样如此,这个国家掌握在官员们手中,官员之间有森严的等级制度,就像在法国。中国人为了取得一官半职,也必须通过层层选拔,而考核的唯一内容,就是熟练记忆四书五经等典籍。在当今的中国,这批有文化的无业大军被视为名副其实的民族灾难。这种情况也发生在印度,自从英国人在那里开办学校,只是为了给当地人普及教育,就像在英国本土一样。于是,这些受过教育的印度人形成了所谓的“印度绅士”这样一个特殊阶层,他们由于找不到工作,便成了英国统治者最顽固的敌人。在所有“印度绅士”当中,无论有没有工作,他们在受教育之后所发生的最主要的变化是道德水平大大降低了。我在《印度文明》(*Les Civilisations de l'Inde*)一书中曾着重阐述过这一事实,所有去过那里的作家也都有所验证。

显然，想要改变这一社会趋势已经太迟了。唯有实践——人们最好的老师——会无情地揭露我们的错误。实践会让人们深切地意识到，用职业教育来代替没用的课本、讨厌的考试是十分必要的——让青年人重新回到田地、车间或者到殖民地闯荡一番，去做这些他们如今不惜一切代价想要逃避的工作。

如今所有受过教育的人所呼吁的职业教育，其实就是过去我们父辈所接受的教育，在当今世界，每个以意志、创新精神及事业心来引领世界的民族都保留着这样的传统。泰纳先生对此做过精彩的分析——我在下面将引述其中的精华部分——他清晰地指出，我们从前实行的教育制度与英国和美国的现行体系差不多。通过对比拉丁民族与盎格鲁—撒克逊民族的制度，他令我们清楚地看到了这两种制度所产生的截然不同的结果。

尽管我们的古典教育体系存在种种弊端，只能培养出失去社会地位和心怀不满的人，没准不少人仍然愿意保留它，认为它毕竟能让人概括地掌握大量知识，完美地背诵大量典籍，而且还有助于提高人的智力水平。但事实真的如此吗？非也！因为判断力、经验、创新精神及性格才是成功人生的必要条件，而这些素质人们都没办法通过书本学到。书就像字典一样是供人查阅的,完全没有必要死记硬背。

为什么职业教育能大幅度提高智力水平,而传统教育模式却无法达到这种目标?泰纳先生很好地说明了这一点:

观念只能形成于自然且正常的环境中;若要促进观念的成长,需要青年人每天到实践中去获取大量的感官印象,例如,到车间、矿山、法庭、自修室、工地及医院去亲身体验各种工具、材料和操作过程;不管干得好不好,是否赚钱,他们都应与顾客、工人及农民在一起。通过眼睛、耳朵、双手甚至味觉得来的这些细微的感受,在他们的头脑中慢慢地积累起来,于浑然不觉中默默地成形。它们早晚会给年轻人带来某种启发,让他们创造出新的成果——简化制作工艺、改进生产技术或者发明出什么新东西。处于最能出成绩的年纪,法国年轻人被剥夺了所有这些宝贵的接触、所有这些不可或缺的成长因素;在七八年的时间里,他们一直被关在学校,远离了所有获得个人直接体验的机会,而只有这些经验能让他们懂得如何生活、掌握与人相处的技巧。

……十个人当中,至少有九个人浪费了好几年的时间和精力,而被浪费掉的这几年恰恰是他们人生中效率最高、最重要,甚至可以说是具有决定性的阶段。首先他们中间有一半或者三分之二的人为了考试而忙碌，最终他们还是在考试当中被淘汰了；被录取的人中，只有一半或者三分之二的人能够拿到学位，就为了毕业证书和学位，他们必须没日没夜地学习。在规定的那天到来的时候，他们坐在答辩委员会面前，在连续两小时的时间内必须表现得无所不知；在这一天的这两个小时当中，他们可以准确地或者说相对准确地回答问题；为了准确性他们所付出的也太多了些。然而，一个月后，他们就没办法做到这一点了；要是他们重新参加考试，肯定无法通过。他们头脑中的知识太多、太沉重了，并且还在不断地溜走，而他们还没来得及补充新认识。他们大脑的活力衰退了；原本多产的头脑也开始变得贫瘠，没有多少发展空间了。一个得到充分发展的人诞生了，然而也是个没有活力的人。之后他会成家立业，过上很规律的生活，每天要做的事情就是重复昨天的程序，恪守自己的本分；他还算胜任本职工作，但也仅此而已，没有别的发展。这就是一般人的生活，而且绝对是付出与获得不成比例的生活。英国和美国的现行体制与法国1789年以前的体制一样，采用的是相反的做法，基本上能实现付出与获得比例均衡，甚至还能有更好的效果。

接下来，泰纳指出了英国教育体系与法国教育体系的区别。英国和美国并不像法国那样,有数不清的专门学校;在那里,教育方式并不是以课本学习为基础,而是现场实际操作。比如,他们的工程师是在车间而不是在学校里培养出来的。这种教育方式给每个人都提供了最大限度地发挥自己才智的机会——如果技术一般,就当工人或者工头;如果能力出众,就可以更进一步成为工程师。而我们的做法是,让人们在十九岁到二十岁时花几个小时参加某种考试,以此决定职业选择。相比较而言,英美的方法更加民主,并且对社会更有益。

在医院、矿井及工厂,在建筑师的办公室或律师的事务所内,学生在很年轻的时候就开始工作,从学徒和实习生做起,就像办公室里的文员或者画室里的画工。在入行以前,他们就学习了基本知识,这使他们对所要从事的工作在头脑中形成了一个大致的框架,为他们即将体验到的实际操作做了铺垫。之后,他们在空闲时间里仍然要不断学习某些技术课程,并把学来的知识与自己每天的亲身实践结合在一起。通过这样的训练,他们的动手能力大为提高,他们能够把学到的理论知识应用到实践中去,他们的努力方向与自己将来从事的工作相一致,因为他们此刻就在逐步适应这些具体工作。得益于这种模式,英国和美国的年轻人很早就能确定自己适合什么样的职业。等他们到了二十五岁——如果不缺少材料和部件,时间还会更早——就不仅仅是个合格的雇员那么简单,他们还具备开创事业的能力,他们不只是个齿轮,同时还是发动机。由于法国采用的是与此相反的教育模式,长此以往,情况会与中国越来越类似。这种教育模式造成了巨大的人力浪费。

关于我们拉丁民族的教育体制与现实生活的需要之间的差距不断拉大,这位伟大的哲学家得出如下结论:

在教育的三个阶段,即儿童、少年和青年时期的教育,如果从考试、证书、学位的角度来看,在学校里以书本为工具的理论学习不仅在时间上过于漫长,学生们的负担也太重了;而且仅从这个角度看,我们的教学方法也十分差劲,简直是一种反自然反社会的模式:实际的学徒期被过分延长;出现了寄宿制、人为的训练和填鸭式教学;学生课业负担过重;校方的培养方案与社会相脱节;不考虑人的成年年龄以及学生未来所要从事的工作。学生进入现实世界之前,他们必须提前适应,但是我们的教育体制根本不考虑这些。进入社会后若想站稳脚跟,所有的学生必须事先有所准备,应该训练有素,有所历练,但是学校没有考虑这些。那些不可或缺的装备,那些最为重要的学习,那种心智、意志的历练,我们的学校都没办法教给学生;它不仅没有赋予学生这种基本能力,反而破坏了他们以后生存所需要的基本素质。因此,学生进入社会开始实际生活之初,总会经历一系列痛苦的失败;这些经历给他们带来的累累伤痕长时间难以平复,有时就永久保留下来。这是苦涩而危险的考验;道德天平在此倾斜,精神世界开始混乱,无法恢复平衡;失望接踵而至,既太突然也太彻底;他们感到非常泄气,有很强的挫败感。[1]

---

〔1〕 参见泰纳的《现代政体》(*Le Régime moderne*)(第二卷),1894年。这些差不多是泰纳写下的最后几页文字,它们极好地展现了这位伟大哲学家漫长的人生经历。不幸的是,对法国那些没有在国外生活过的大学教授们来说,肯定完全无法理解这样的观点。教育是我们拥有的可以影响民族灵魂的唯一手段,然而在法国,几乎没有人意识到我们的现行教育体制是造成民族快速衰败的一个重要因素,它不仅没有使青年人的能力有所提升,反而令他们堕落腐化,这实在令人痛心疾首。

我们可以把泰纳的上述论断与保罗·布尔热(Paul Bourget)在其杰作《海外》(*Outre-Mer*)中对美国教育体制的观察加以比较。保罗也发现,法国的教育体制只能培养知识面窄、缺乏创新精神与意志力的资产阶级或无政府主义者,“受过教育的人当中,这两种人都无法对社会产生积极作用,他们要么碌碌无为,要么丧心病狂”。他还把美法两国的学校进行了对比:法国的学校就像一个不断退化的工厂,培育出来的学生一代不如一代;而美国的学校却能通过教育使人们全面掌握生活的技能。这一点值得我们深思。通过这种对比,我们发现,真正的民主国家与那些只是夸夸其谈、脑中丝毫没有民主思想的国家存在本质区别。

上文所述是否偏离了群体心理学的范畴？这倒未必。想要理解那些正在孕育、明日就会诞生的思想与信仰，就必须了解它们成长的土壤。一个国家对青年人的教育能让人了解这个国家将来会变成什么样子。对现在这代人进行的教育显示出了惨淡的前景。教育可以对群体心智的改善或恶化起到一定的作用。因而有必要指出，现在的体系是如何培养出这样的群体的——原本漠不关心、保持中立的群众如何逐渐成了一支愤世嫉俗的大军，并准备听从空想主义者和雄辩家的一切暗示。社会主义者和无政府主义者正是如今的学校培养出来的，它还为拉丁民族即将到来的衰落做了铺垫。

第二章

影响群体意见的直接因素

加利利(Galilée)地区一个名不见经传的木匠,如何能够成为统治世界两千年的万能的神,而且最辉煌的文明就是以他的名义建立的;几个从沙漠中走出来的阿拉伯商队,怎么可能会征服古老的希腊—罗马世界的大部分地区,甚至还建立起比亚历山大帝国还要大的王国;更令人难以置信的是,在古老而等级森严的欧洲,一位默默无闻的炮兵中尉竟然能够征服许多民族,并使他们的国王纷纷臣服。

我们在前面研究了赋予群体心理某种特殊属性的间接性准备因素,它使群体某些情感和观念的发展成为可能。这一章我们将研究那些能够直接发挥作用的因素。为了让直接因素和间接因素充分发挥作用,在下一章我们还会了解如何运用它们。

在本书的第一部分，我们研究了群体的情感、观念及思维方式。基于这些了解，我们显然可以大致推断出影响群体心理的一些方法。我们已经知道了什么事物能激发群体的想象力，还知道了暗示的力量及其传染过程，尤其是那些以形象的方式表现出来的暗示。然而，能够影响群体心理的因素是千差万别的，就像暗示可以有不同的来源一样。因此，我们必须分别研究这些因素。这项研究是有意义的：群体与古代神话中的斯芬克斯有几分相像，我们必须能回答出它所提出的心理学问题，否则就会被它一口吞掉。

图像、词语与套话

在研究群体的想象力时，我们已经发现，某些形象总是能给群体留下深刻的印象。虽然这些形象不一定随时都能存在或出现，但我们可以合理地运用词语和套话，在群体的头脑中激发出它们。一些词语和套话经过巧妙的处理之后，仿佛具备了某种神奇的力量。它们能一石激起千层浪，在群体心中产生强烈的反响；反之也可以抚平群体心中的波澜，使人们平静下来。那些因词语和套话的力量而献身的人们不计其数。如果以他们的尸骨为原料，能建造出一座比古老的胡夫金字塔还要高的金字塔。

词语所产生的力量的大小视其引发的形象而定,与其真实含义毫不相干。有时,那些最不明确的词语反而煽动力最强。例如,民主、社会主义、平等、自由,这些词语的含义非常模糊,几大本书也无法给出确切的定义。然而,这几个音节简单的词语的确拥有神奇的力量,仿佛它们可以解决一切问题,它们集中反映着人们潜意识中存在的各种各样的愿望和现实中的各种希望。

说理和论证无法击败某些词语和套话。在群体的面前虔诚地提到那些字眼便会产生效果,因为群体一听到这些词语,就会立刻俯首致意,变得毕恭毕敬。不少人认为它们具有自然的力量乃至超自然的力量。它们在人们心中激发出宏大而模糊的图像,而恰恰是模糊不清给它们增添了神秘的色彩。它们是藏在神龛背后的神灵,在他们面前信徒永远都是虔诚而且心怀敬畏的。

词语在人们头脑中所唤起的幻象与词语本身的含义没有关系。这些幻象会因时代的变迁而发生变化,也会因民族的不同而有所不同,但套话不会变。某些转瞬即逝的幻象是与特定的词语联系在一起的:词语不过是启动它们的按钮。

并非所有的词语和套话都可以在人们的头脑中激发出幻

象或形象。有些词语在最初使用时具有这种力量,但随着使用次数的增多,这种力量就消耗殆尽了,不会继续在头脑中发挥作用。这样一来,这些词语就成了空话,主要的用途就是让套用它们的人免去思考的过程。只要在年轻时储备一些这样的套话和常识,我们就能对未来的生活应付自如,无须在任何场景都进行累人的思考。

如果以某种特定的语言为研究对象,我们会发现,其词汇在时间的流逝中变化得相当缓慢。然而,它们在人们头脑中所唤起的图像或者人们赋予它们的含义,却处在不断变化之中。

因此,我在另一本书中得出了这样的结论:准确地翻译一门语言——尤其那些已经死亡的语言——是绝对不可能的事情。当我们用法语来替代拉丁语、希腊语或梵语中的词汇时,或者当我们试图理解一本两三个世纪前用我们自己的语言写成的书时,我们实际上是在做什么呢?我们不过是在用现代生活赋予我们的理解力、那些现代的图像和观念来代替一些完全不同的概念和图像——它们产生于古代人的头脑中,当时的生活状况与我们现在完全不同。当大革命时的人们以为自己在效仿古希腊人和古罗马人时,他们不过是赋予了这些古老的词语一些新的含义,即它们从未有过的含义。用今天的语言设计出来的古希腊人的制度与古时候希腊人的制度能有什么相似之处呢?当时的共和国本质上是一种贵族制度,由一些小暴君联合起来对大批奴隶实施绝对压迫的统治。这种贵族统治建立在奴隶制之上,离了它古希腊制度就一刻也无法存在。

还有"自由"这个词,在一个连思考的自由都不敢奢望,在一个讨论城邦的神灵、法律及风俗就会被认为罪大恶极的时代,自由的含义与我们如今理解的自由能有什么相似之处?像"祖国"这样的词语,在雅典人和斯巴达人心中,除了意味着对雅典城或斯巴达城的崇拜,还能有什么别的含义?它肯定不是指互相之间战火不断的敌对城邦所组成的整个希腊。同样的词"祖国",在古代高卢人看来意味着什么呢?他们由于种族、语言和宗教的不同而分裂为一些敌对的部落,恺撒之所以能够一举击败他们,是因为他总能在他们中间找到盟友。罗马人实现了高卢的政教合一,这样高卢才拥有了"祖国"这个概念。无须追溯到这么久远的年代,就在大约两百年前,大孔代(le grand Condé)与外国结盟反对自己的君主,对于"祖国"一词他与法国现在的统治者的理解会是一样的吗?还是"祖国"这个词,逃亡国外的法国贵族们认为,自己虽然行为上反对法国,但实际上却是在忠君报国,这么做符合自己的身份,因为封建法律把诸侯与君主而不是同土地联系在一起,所以对他们而言,君主在哪里,哪里便是祖国,这显然与“祖国”一词的现代含义十分不同。

然而,随着时代的变迁在意思上发生了如此深刻变化的词语还有很多,我们只有付出相当长时间的努力,才能理解它们在过去所代表的含义。有人认为,要想知道我们曾祖父一代是怎么理解“国王”和“皇室”的,我们必须通过阅读大量史料才能知悉,这种观点很有道理。这样一来,对于更加复杂的词语就更是如此了。

因此,词语的含义是暂时的、不断变化的,它视不同的时代和民族而有所不同。当我们想运用某些词语对群体产生影响时,就必须知道群体此刻是如何理解它们的,而不是它们过去的含义,也不是与群体精神构成不同的个体赋予它的含义。

同样,在经历了政治动乱和信仰变化后,如果群体对某些词语引发的图像深恶痛绝,而且这种图像已经在群体头脑中根深蒂固、难以改变,那么一位真正的政治家的首要任务就是,在不触及事物本质的同时,用不同的词语对旧有的词语进行替换。富有洞察力的托克维尔(Tocqueville)很早就指出,执政府与帝国的任务就在于对过去制度的大部分内容进行重新包装,即用一些新词替换那些会在群体头脑中产生负面影响的词语,由于新词语是比较新奇的事物,所以可以避免引发那样的联想。于是,“人头税”成了“土地税”,“盐课”成了“盐税”,“间接税”成了“间接份额”,“许可金”成了“营业税”。

由此可见,政治家最主要的一项任务就是,把那些民众不堪忍受的事物的旧名称改成一些受欢迎的或者至少是中性的名字。名称的力量十分巨大,只要很好地选择字眼,群体便可以欣然接受他们原本最憎恨的事物。泰纳准确地指出,雅各宾派就是通过援引“自由”“博爱”这些当时很流行的词语,才得以“建立了如达荷美王国一样的专制政府、与宗教法庭类似的审判台,进行了与玛雅人同样残忍的大屠杀”。统治者必须像律师一样,掌握遣词造句的艺术。这项艺术面临一个棘手的问题,即在一个社会中,对不同的社会阶层来说,同样的词语往往具有十分不同的含义。表面上看来,人们都在使用相同的词语,但他们表达出的实际含义却有所不同。

在上面的例子中,我们把时间作为词语含义发生变化的主要因素。如果也考虑种族这个因素,我们会发现,在同一时代,对于文明程度相同但种族不同的人,同样的词语往往对应着差别极大的观念。没有广博的见识,就无法理解这些差异,所以我在这里不想着重强调这一点,只想指出正是那些群体最常用的词语,在不同民族之间有着最不一样的含义。例如,现在人们广为使用的“民主”与“社会主义”两个词就是如此。

事实上，在拉丁民族与盎格鲁—撒克逊民族心中，这两个词代表着截然相反的观念和形象。在拉丁民族看来，“民主”更多地意味着个人必须服从于国家所代表的集体意志和决定。国家日益集一切权力于一身——中央集权、垄断专营并管理一切生产部门。无论激进派、社会党还是保皇党，所有政党都必须与国家合作。对于盎格鲁—撒克逊民族，尤其在美国，情况恰恰相反，“民主”意味着对个人意志的极大发展，国家意志处于次要地位，国家只负责维护治安、建设军队及处理外交关系，它不能控制任何事情，甚至公共教育也不属于政府的管辖范围。由此可见，同一个词，在一个民族那里指个人意志和主动性的受限，国家处于支配地位，而对于另一个民族，则意味着对个人意志和个体主动性最大限度的开发，国家处于次要地位。〔1〕

幻　觉

自从文明出现以来，群体就一直深受幻觉影响。他们为

---

〔1〕 我在《各民族演变过程中的心理学规律》一书中，曾着重强调在民主理念上，拉丁民族与盎格鲁—撒克逊民族存在不小的差别。保罗·布尔热结束旅行后，在其近作《海外》中独立地得出了几乎与我同样的结论。

幻觉的制造者们建立了为数众多的寺庙、雕像及祭坛。无论是从前的宗教幻觉,还是现在的哲学和社会幻觉,都拥有着巨大的力量,所有曾在地球上经过不断发展并达到全盛的文明中,都能找到这些至高无上的力量。在它们的作用下,人们建造出卡尔迪亚教堂(位于古巴比伦南部地区)和埃及的神庙,还有中世纪的宗教建筑;一个世纪前撼动整个欧洲的混乱也是在它们的影响下出现的;我们的所有艺术、政治及社会观念,无一不被它们打上了深深的烙印。有时,以发动可怕的动乱为代价,人们可以推翻这些幻觉,但它们似乎注定还会卷土重来。没有幻觉,人类就无法从原始的野蛮状态中走出来;脱离了幻觉,人类会很快再跌回野蛮状态。幻觉无疑只是些没有意义的幻影,尽管如此,它们作为我们梦想的产物,却能促使各民族创造出壮丽的艺术和伟大的文明。

如果有人毁掉了博物馆和图书馆,或者推倒了教堂前面石板路上那些在宗教激发之下完成的一切艺术作品与纪念碑,那么人类伟大的梦想还剩下什么呢?就让人们抱有希望和幻想吧,没有它们人们是活不下去的,它们也是神灵、英雄及诗人得以存在的原因。五十年来,科学表面上好像能给人们以某种希望,然而,在渴望完美的人们心中科学变得黯然失

色，它无法像幻觉一样许诺过于美好的事物，因为科学不可以撒谎。[1]

十八世纪的哲学家们热衷于打破宗教、政治及社会幻觉——那种祖辈们在数百年间一直抱有的幻想。这些幻觉崩塌之际，希望之泉随之枯竭，人们顺从的理由也荡然无存了。幻想落空之后，人们开始转向盲目而神秘的自然力量——它既不同情弱者，也无恻隐之心。

尽管哲学已经取得了很大发展，却还是无法给群体任何令他们着迷的理想；但是在群体心中，幻想是必不可少的，为了拥有自己的幻想，无论需要多大的代价，群体也会在所不惜。因此他们就像飞蛾扑火一样，本能地靠近那些能够满足他们心理需要的雄辩家们。推动各民族发展的主要因素从来不是真理，而是谬误。如今，社会主义之所以强大，就是因为这个幻想至今仍有活力。尽管存在一些科学论证，但它仍能不断发展壮大。它的主要力量在于，其精神领袖们可以忽视客观现实，从而敢于大胆地许诺幸福。如今，在过去信仰的废墟之上，社会主义幻觉大行其道，未来是属于它的。群体从未

〔1〕 丹尼尔·勒叙厄尔(Daniel Lesueur)的话。

渴求过真理,面对那些令他们讨厌的证据,他们会转身不予理睬,而如果谬误能吸引他们的注意,他们甚至愿意把谬误奉若神明。只要懂得如何使群体产生幻觉,就能够轻易地主宰他们,而试图让他们的幻想破灭的人,将永远吃大苦头。

经　验

经验几乎是唯一能让真理植根于群体心中,并使危险的幻觉破灭的有力手段。然而为了达到这样的目的,经验应该发生在很大的范围内,而且还要经常重复发生。通常说来,一代人的经验对下一代人基本上是没什么用处的。这就是为什么援引历史事实作为论据来证明某些观点而达不到目的的原因。这些历史事实唯一的作用就是,证明了一种广泛的经验必须通过一代又一代的重复才能具有一定的影响力,而且唯有如此才能成功地撼动已在群体心中扎根的错误观念。

将来的史学家无疑会把十八世纪和十九世纪当作一个充满奇特经验的时代,因为还没有哪个时代有过如此多的尝试。

这些尝试当中,最宏伟的莫过于法国大革命。为了证实社会无法在纯粹理性的指示下彻底重建,有数百万人牺牲,整个欧洲陷入了长达二十年的动荡。为了从经验上证明,拥戴独裁者的民族必将付出昂贵的代价,五十年间这样的悲剧两度上演。尽管造成了严重后果,人们似乎还没有吸取教训。第一次的代价是三百万人牺牲,国家遭受入侵,第二次则造成领土被割让出去,让人意识到常备军的必要性。此后不久,第三次尝试险些发生,虽然未果但总有一天它会成为现实。整个民族必须在经历一场代价惨痛的可怕战争后才会发现,庞大的德国军队并不像人们三十年前所想的那样,只是一支毫无恶意的国家卫队。[1] 至少需要二十年的悲惨教训,人们才能认识到实施贸易保护主义会给实施这种政策的国家带来灭顶之灾。这样的例子举不胜举。

理　性

在列举能对群体心理产生影响的因素时,要不是为了指出理性的消极作用,我们完全可以不提它。

----

〔1〕 对于这种问题,群体的观点是通过胡乱组合对不同事物的模糊认识而形成的,其机制我在前面已做过说明。当时,法国的国民卫队是由一些温和的小店主组成的,他们完全没有纪律观念,不能把他们当作正规军。一切与法国国民卫队有着相似名称的军队都会使人产生同样的联想。于是,普鲁士的国民卫队也被认为不构成任何威胁。群众的这种错误认识,也同样存在于领导人中间。奥利弗先生(Ollivier)在一部近期出版的著作中引述了梯也尔先生——一位总是顺从民意、从不超前的政客——于 1867 年 12 月 31 日在内阁的一次讲演。梯也尔先生一再表示,普鲁士除了拥有一支与法国规模相当的正规军外,只有与法国相似的国民卫队,无须对此忧心忡忡;他言之凿凿,就像他曾经对铁路的前景所做的惨淡预测一样。

我们已经指出,群体不受推理影响,他们只能理解胡乱组合在一起的观念。懂得如何打动群体的演说家,往往从他们的情感入手,而从不诉诸理性。逻辑规律对群体不起任何作用。[1] 为了说服群体,首先要了解能使他们兴奋的情感,并且让自己也装作深有同感,然后尽量运用一些基本组合法和极具暗示性的概念去改变群体的观念;要根据他们的反应来判断什么时候言归正传,尤其是必须时刻揣测自己的话能使他们产生怎样的情绪。这就要求演讲者必须根据其讲话效果不断地改变措辞,也就是说,一切事先经过精心准备的演讲都是苍白无力的,因为在那种情况下,演讲者是在按照自己而不是听众的思路讲话,忽视了听众的反应。仅凭这点,他就没办

---

〔1〕 逻辑规则在说服群体方面没有多大用处,我最早是在巴黎围困时期观察到这一点的。有一天,我看到一群愤怒的群众押着一位将军来到当时的政府所在地卢浮宫门口,声称发现他把防御工事的图纸卖给了普鲁士人。政府的一位负责人——同时也是一位著名演说家——走了出来,训斥那些要求立刻处死这位将军的群众。我本以为他会论证这一指控完全没有根据,告诉大家,这位军官其实就是设计防御工事的人之一,而且这份图纸在随便哪个书店都能买得到。我当时还很年轻,他的所作所为完全出乎我的意料。他一面走向罪犯,一面大声宣布:“正义会得到伸张!正义是铁面无私的。让护国政府来裁决你们的请求吧。在此期间,我们会先把他关起来。”这一表面上令人满意的答复立刻稳住了群众的情绪,他们很快散开了。一刻钟后,这位将军就回到了家中。要是这位演说家坚持用逻辑推理说服处在愤怒中的群众,那位将军肯定难逃一劫。而我当时还是年轻了些,不太明白其中道理,所以才会觉得这样的论证非常有说服力。

法取得成功。

不少演讲者头脑极富逻辑，习惯于被一连串逻辑严谨的推理说服，所以当他们面对群体时，往往也会采取推理论证的方式组织语言。意识到自己的论证没有发挥作用，他们总是倍感意外。一位逻辑学家写道："一般的数学结论都是通过相关公式演绎推理而来，所以，它们是确定无误的……这种确定性意味着，哪怕群体是一团无机物，只要他们会运用这些公式，就必然会得出同样结论。"此话不假，然而，在掌握逻辑公式方面，群体并不比无机物高明多少，他们甚至不具备逻辑思维的能力。只要试着用推理论证来说服原始的头脑，如野蛮人或儿童，就会发现这种论证方式毫无意义。

在情感面前理性总是那么苍白无力。要想理解这一点，我们不需要只以原始头脑为例，那些有正常思维能力的人们也可以为我们证明这一点。只要想想几个世纪前，与最简单的逻辑背道而驰的宗教迷信一直都顽强地存在，我们就会明白。在近两千年的时间里，就连最睿智的天才也甘心臣服于宗教的约束，直到现代，宗教的真实性才遭到了一些质疑。中世纪和文艺复兴时期不乏有识之士，但他们当中没有一个人通过理性思考意识到自己的迷信行为在某些方面显得十分幼稚，也没有人质疑过魔鬼是否作恶多端、烧死巫师是否必要。

我们是否应该为群体从不受理性支配而感到遗憾呢?对此我们最好不要贸然给出肯定答案。不可否认,是幻想激发出的热情和勇气,把我们带到了文明的道路上来,而人类的理性在这方面并没有发挥多大作用。这些幻想是支配我们的无意识力量的产物,其必要性毫无疑问。每个种族的精神构成中都有决定它的命运的定律,也许所有种族服从这些定律都是出于一种不可抗拒的冲动,即使这种冲动看起来是那么不可理喻。有时,各民族似乎服从于某些神秘的力量——就像使橡树果长成橡树或让彗星沿着自己的轨道运行那样的力量。

要想对这些力量有所了解,就必须全面研究一个民族的总体发展历程,而不是只观察其发展过程中时而出现的一些孤立的事件。如果仅着眼于那些孤立的事件,历史看起来就像是一系列不可能的偶然事件的产物。加利利地区一个名不见经传的木匠,如何能够成为统治世界两千年的万能的神,而且最辉煌的文明就是以他的名义建立的;几个从沙漠中走出来的阿拉伯商队,怎么可能会征服古老的希腊—罗马世界的大部分地区,甚至还建立起比亚历山大帝国还要大的王国;令人更难以置信的是,在古老而等级森严的欧洲,一位默默无闻的炮兵中尉竟然能够征服许多民族,让他们的国王纷纷臣服。

所以把理性留给哲学家吧,不要强求它介入对人的统治中来。时至今日,推动文明发展的主要力量都不是理性,虽然理性一直存在,但起主要推动作用的依然是情感,如正义感、牺牲精神、宗教信仰、自豪感及爱国主义这样的情感。

第三章

群体的领袖及其说服方法

各个民族从来不缺自己的领袖。然而，领袖们绝不是在那些令信徒神魂颠倒的强烈信仰的驱使下才采取行动的。他们往往巧舌如簧，只是为了实现个人利益；他们迎合群体的低劣本能，为的是使之信服自己的观点。

在认识了群体的精神构成以及哪些因素能够对其心理产生影响后，我们将进一步研究如何运用这些因素以及什么人能有效地使它们发挥作用。

群体的领袖

只要一定数量的生物聚集成群，无论动物还是人，都会本能地服从于某个领袖的统治。

就人类群体来说，领袖在通常情况下不过是个小头目或煽动者而已。然而尽管如此，他的作用却不可小觑。群体观点的形成和逐渐统一皆以他的意志为核心。他是使各种各样的人聚集成群并形成组织的首要因素，同时他的存在也为人们进一步形成派别做了铺垫。在他的指挥之下，群体就像温顺的羊群；一旦失去了领导者，群体就会不知所措。

起初，领袖往往也是一个受人领导的人。他自己先是为某个观念着迷，然后便成了布道者。这个观念完全占据了他的头脑，仿佛世间除此之外已无他物。在他看来，凡是与自己所信守的观念相对立的观点，都是谬误和迷信。罗伯斯庇尔就是如此，他痴迷于卢梭的哲学理念，甚至不惜用宗教法庭的手段对其予以宣扬。

我们所谈及的领袖往往是实干家，而非思想家。他们不具备远见卓识，而且他们也不应该拥有这种素质，因为洞察力通常会使人在遇事时持怀疑与观望的态度，从而限制人的行动力。大多数领袖都有些神经质，容易冲动，甚至精神错乱、近乎疯狂。无论他们捍卫的观点或追求的目标是多么荒谬，他们都十分坚定，这足以让一切理性黯然失色。他们不在乎遭受蔑视和迫害，甚至可以说，这些只会使他们更加兴奋。他们可以置个人利益、家庭于不顾，甚至愿意牺牲一切；他们完全丧失了自我保护的本能,以至于把献身殉道当作唯一的奖赏。由于他们对自己的信仰如此虔诚,所以他们的话具有极强的暗示作用。因为群众总会被意志坚强的人打动,而且这些人也懂得如何使群众信服自己的观点。处于群体中的个体丧失了一切意志力,本能地去拥护一个具备他们所没有的品质的人。

各个民族从来不缺自己的领袖。然而,领袖们绝不是在那些令信徒神魂颠倒的强烈信仰的驱使下才采取行动的。他们往往巧舌如簧,只是为了实现个人利益;他们迎合群体的低劣本能,为的是使之信服自己的观点。通过这种方式,他们可以拥有非常大的影响力,但不幸的是,这种影响力总是转瞬即逝。那些曾深深触动群体灵魂的人物,如隐士彼得、路德、萨伏那洛拉(Savonarole)之流以及法国大革命时期的重要人物,都在心中笃信某些信条。他们先是自己痴迷于某一信条,而后才是打动其他人,使别人也像他们一样着迷。这样一来,他们就可以在自己的追随者心中激发出一种无穷的力量——信仰,它能让一个人彻底成为自己梦想的奴隶。

无论是宗教信仰、政治信仰还是社会信仰,也不管信仰的对象是某项事业、某个人还是某种思想,有一点可以肯定,只有伟大的领袖才能创造信仰。这就是为什么领袖总是具有强大的影响力。人类具有的所有力量当中,信仰最为强大。《福音书》认为信仰可以移山填海,这不无道理。人一旦有了信仰,力量就会增加十倍。在历史上,那些默默无闻的信徒们除了信仰之外一无所有,但却在重大事件中发挥了决定性作用。无论学者还是哲学家,都无法创立统治世界的强大宗教,也不可能建立从一个半球扩张到另一个半球的宏伟帝国,更别提怀疑主义者了。

然而,在上面的例子中,我们谈到的都是伟大的领袖,他们在历史中数量十分有限。作为有权有势的统治者,他们构成了金字塔的顶端,底层则是他们的仆人。在烟雾弥漫的小酒馆里,这些人不断地向同伴们宣扬一些口号和言论,以促使其逐渐着迷。虽然他们并不理解自己所宣扬的口号,但根据他们的说法,只要将所述之事付诸行动就可以实现自己的所有梦想和希望。

在社会的任何领域,无论在最高贵的阶级中,还是在最低贱的阶层里,只要不是孤零零的一个人,人们便会很快受到某个领导人的统治。大多数人,尤其是群众中的大多数人,除了自己所熟知的领域,对其他任何事物都没办法形成清晰而理性的看法。由于他们难以形成判断,所以必须依赖领导人的指导。必要时,定期出版物也可以替代领袖充当这一角色,虽然作用甚微,但至少能给读者提供一些观点,让他们可以获取现成的语句,而不用费心去思考。

领袖必须具有绝对的权威才能树立威信。人们时常发现,尽管领袖的权威毫无根据,但他们却能使工人阶级中最爱闹事的人听自己的话。他们可以确定工作时间的长短和工资比例;他们还掌握罢工的决定权,罢工什么时间开始、什么时间结束都取决于他们。

如今,政府受到多方质疑,权力逐渐削弱,这些领袖正跃跃欲试,想要取而代之。相比以往的任何政府,群众对这些新主子的专制更加顺从。要是由于变故,领袖不见了,而没有人顶替他的位置,群众就会重新成为一盘散沙。在巴黎公共马车雇员的上次罢工中,当局只是把两个指挥运动的领袖抓了起来,罢工就立刻结束了。在群体心中,一直占据主导地位的是奴性,而不是对自由的要求。他们渴望服从,只要有人自称是他们的主子,他们便会本能地臣服。

这些领袖可以明显分为两类:一类精力充沛,会暂时表现出坚强的意志;另一类则意志力既坚强又持久,与前者相比更为罕见。前一类人气冲霄汉、勇敢无畏,尤其善于指挥突然袭击,能带领部队赴汤蹈火,可以从新兵一下成长为战斗英雄。第一帝国时期的内伊(Ney)和穆拉(Murat)就是很好的例子。

我们时代的加利巴尔蒂(Garibaldi)也属于这一类人,他没什么过人之处,但精力充沛,富于冒险精神。他只带了一小队人马就攻下了古老的那不勒斯王国,虽然此王国由一支训练有素的部队守卫着。

尽管这些领导者力量强大,但那只是暂时的现象。这种力量会随着使它发挥作用的事件的终结而消失。在日常生活中,上文提到的英雄们往往会表现出惊人的性格弱点。他们指挥别人时是一把好手,但自己一遇到事情,哪怕非常简单的情况,也显得鲁莽冲动,缺乏自控能力。这样的领导者,除非同时也被别人领导、处在不断的激励之下,否则就无法完成任务,必须有某个人或者某个观念指引着他们,告诉他们每一步具体怎么做。

另一类领袖意志力顽强,尽管从表面看不如那些精力充沛型的领袖风光,但影响力远大于他们。这类领袖当中不乏各宗教信仰和宏伟事业的缔造者,圣保罗、穆罕默德、克里斯多夫·哥伦布(Christophe Colomb)和雷赛布(Lesseps)都属于这一行列。无论他们聪明过人还是目不识丁,这些都不重要,因为世界永远属于他们。他们表现出的顽强意志是一种难能可贵的素质,可以使他们征服一切。人们并非总能充分地认识到这一点:什么都无法阻止顽强的意志力,人不可以,自然和神灵也概莫能外。

对于顽强的意志力可以成就怎样的伟业,最近的例子就是雷赛布,这位伟人把世界划分成东西两半。三千年来,不少伟大的统治者都曾试图这么做,但总是徒劳无功。后来,他又遇到了一件同样的事情,但他没能复制上一次的成功。因为他当时业已年迈,在衰老面前,一切事物都会屈服,意志力也不例外。

只要详细叙述为了开凿苏伊士运河他必须克服哪些困难,就能显示出顽强的意志可以产生怎样的力量。作为一位见证者,卡扎力(Cazalis)博士用下面几行令人动容的文字,概括了这项伟大工程的不朽缔造者——雷赛布的事迹。

他每天都会讲一些自己在开凿运河时遭遇的传奇经历。他讲述所有必须克服的困难,他是怎样使原本不可能的事成为可能,他遭受多方阻挠,甚至人们联合起来反对他的计划。他经历了一系列失望和挫败,但从未因此而气馁或被打垮。他记得英国人与自己作对,对他的行为不断地进行抨击;埃及和法国则持观望态度。然而在工程初期,法国领事馆的反对呼声最高。为了表示抗议,有人试图切断淡水供应,让工人们由于口渴而无法工作。海军部长和工程师既严肃认真又经验丰富，他们有科学知识武装着自己的头脑，然而他们全都顺理成章地加入了反对者的大军，并且还从科学的角度断言，他的行为会给人类带来灾难，而且会即将降临；他们甚至计算并预言了这场灾难所发生的确切日期，就像预测日食会在哪一天的什么时间发生那样。

这样的伟大领袖寥寥无几，但他们在人类文明与历史中最重大的事件上发挥了关键作用。

领导者的行事手段：断言、重复和传染

要想在很短的时间内激发出群体的热情，让他们采取任何行动，如洗劫皇宫、为守住阵地或要塞而献出生命，就必须使用具有立竿见影效果的暗示，其中最有效的莫过于榜样。然而，若想让群体在某件事上立刻采取行动，需要群体在事前就已经了解了某些情况，有了一定的心理准备，尤其是那些想打动群体的人必须具备某种品质，我称这种品质为威望，将在下一节进行探讨。

但是要想使观念和信仰，如一些现代社会学理论，在群体心中扎根，每个领袖所采取的具体手段不尽相同，但主要借助于三种方法：断言、重复和传染。它们发挥作用的过程比较漫

长,但只要产生效果,就可以长时间发挥作用。

为了在群体心中植入某种观念,最有效的做法就是使用不带有任何条件的、剔除了一切推理和证据的断言。断言越是简洁,从表面上看起来越是站不住脚,就越有威力。在各个时代,宗教书籍和法典都是用简单的断言写成的。呼吁人们捍卫某项政治利益的政治家们,通过广告来宣传自己产品的企业家们,他们全都了解断言的价值。

然而,断言唯有被不断重复,并且尽可能地使用相同的字眼,才能产生实际影响。我记得拿破仑说过,修辞手法只有一个要点,那便是重复。通过不断的重复,被断言的事情会在人们心中逐渐扎根,甚至还会被当作经过证实的真理。

哪怕最有见识的人也会受到重复的强烈影响。了解到这一点我们就不难理解,为什么重复能对群体产生重大影响。原因在于某些内容经过不断重复,最终会进入人的无意识深层区域,而我们的行为动机就是在那里形成的。经过一段时间的重复,人们会忘记是谁最早这么断言的,但却相信了这个断言。广告之所以能产生惊人的影响,就是基于这样的过程。如果我们成百上千次地看到,X 牌巧克力最好,就会以为所有人都这么认为,于是对此深信不疑。如果我们上千次地看到,Y 牌面粉治好了伟人的顽疾,要是我们有一天患了同样类型的病，就难免想要试试这种面粉。如果我们成天在一家报纸上读到，A 是个十足的无赖，B 是个正直的老实人，就会最终信以为真——当然，只要我们不在另一家观点相反的报纸上，读到截然相反的看法就好。断言和重复都可以对群体产生巨大影响，如果把二者分开使用，它们的作用会不相上下。

如果一个断言得到了有效的重复，并在重复过程中取得了一致，就像某些著名金融企业，它们十分富有，足以收买所有竞争对手一样，于是，人们形成了所谓的意见趋势，强大的传染机制自此开始发挥作用。在群体中，各种观念、情感、情绪及信仰像细菌一样极富传染性。这种现象非常自然，在成群的动物中间就可以观察得到。在一个马厩里，如果有一匹马踢了一下食槽，其他的马就会纷纷模仿；在羊群当中，要是有几只羊惶惶不安，很快所有羊都会有所表现。对群体中的人们来说，所有情绪都会很快蔓延开来，这就解释了为什么恐慌会突然爆发。头脑混乱也是会传染的，就像神经病也会传染一样。精神病医生当中常常有人精神错乱，这一点人们多有耳闻。最近甚至有人指出，某些精神病，如广场恐惧症，可以由人类传染给动物。

传染的发生并不要求所有个体必须同时出现在同一地

点。有些事件的发生会使所有个体都产生相同的情绪并表现出群体特有的特征,即使他们之间相隔万里,尤其是人们在心理上已有所准备,并愿意接受前面研究过的间接因素的熏陶时,传染更容易发生。1848 年爆发的革命就是一个例子。它在巴黎爆发后,很快便蔓延到欧洲大部分地区,撼动了很多国家的封建统治。

人们认为,模仿在社会现象中发挥着重大作用,然而事实上,模仿只是传染的一种效应而已。对于模仿的作用,我已在另一本著作中作过说明,现在我想把十五年前我就这一主题发表的看法引述如下。其中的观点在一些作家最近的著作中得到了发展。

人像动物一样,生来就会模仿。只要一种模仿十分简单,人就会去模仿。模仿对人来说是必然的行为。正是出于这种必然性,所谓的潮流才产生如此大的影响。不管是在观点、思想及文学创作领域,还是在着装方面,有多少人敢于同潮流格格不入?引领群众,靠的是树立榜样,而不是通过论证。在每个时代,总会出现少数人的行为影响群众并且被无意识的大众模仿的现象。然而,这一小撮人不能与固有观念背道而驰,因为这样一来,模仿就显得过于困难,无法产生影响。正是由于这个原因，那些极大地超越了自己所处时代的人，往往无用武之地，他与时代之间的差距太大了。同样，尽管欧洲文明具有不少优点，但它们对东方民族的影响却显得微不足道，也是由于两者之间差别巨大。

由于受历史与模仿的交互作用，同一国家、同一时代的所有人都表现出不少共同之处，就连貌似最不愿受这两点影响的哲学家、学者及文人，他们的思想和风格也与这个时代的人有某些相似之处，让人能一下子就看出他们属于哪个时代。想要了解一个人读哪些书、有哪些兴趣爱好及其生活环境如何，并不需要跟他促膝长谈便能得知。[1]

传染具有强大的力量，它不仅可以把某些观点强加给个体，还可以让他们接受某些感受方式。由于传染，像《唐豪赛》（*Tanhauser*）这样的歌剧曾在某个时代受到了轻视和贬低，然而短短几年过后，还是由于传染，那些曾批评得最起劲的人竟然转而对它赞不绝口。

观点与信仰在群体中的传播，往往借助于传染机制，但从来不通过推理。当前工人阶级的一些观念，是他们在小酒馆

[1] 古斯塔夫·勒庞：《人与社会》（*L'homme et les Sociétés*）（第2卷），1881年版，第116页。

里,通过断言、重复及传染而确立的。在各个时代,群体的信仰差不多都是这么形成的。勒南(Renan)把基督教最早的创始人恰当地比作“在一个又一个小酒馆里传播自己思想观念的社会主义工人”;对于基督教,伏尔泰早就发现,“一百年来,只有最卑鄙的无赖才会选择它”。

与我在上面引用的例子相似,人们发现,传染在大众阶层中产生了一定影响后,就会进而作用于社会的上层人士。如我们今天所见,社会主义信仰开始赢得部分人的支持,而这部分人将会成为此种信仰的最早牺牲品。

传染机制有着强大的力量,在它的作用下,人们甚至完全不考虑个人利益。

这就解释了一种情况:一切主张只要能被大众广泛接受,就会拥有强大的影响力;这种主张会凭借这样的影响力,最终在社会最上层扎根,哪怕这种赢得人心的主张带有十分明显的荒谬性。这种社会下层反作用于社会上层的情况,实在令人费解。虽然群体的信念总是多多少少起源于某种高深想法,但是它对自己所诞生的阶层往往没有什么影响。领袖和煽风点火者被这种高深的想法征服后,会把它纳为己用并加以歪曲,然后创造出一个宗派,对这种想法进一步进行曲解,之后再把它传播到群体当中,让它遭受变本加厉的歪曲。等它成了深得人心的真理后,就会回到自己最初诞生的地方,影响民族的上层阶级。从长远来看,是智力决定着世界的发展,但它总是间接发挥作用。等到哲学家创造的思想通过我上面描述的机制最终深入人心时,他们自己早就入土为安了。

威　望

那些在断言、重复与传染的作用下得到广泛传播的观念之所以具有强大的力量,是因为它们在最恰当的时候获得了一种被称为“威望”的神奇力量。

一切统治过这个世界的思想或人物,主要都是通过威望来统治人们的。威望这个词带有一种难以抗拒的力量。我们都知道这个词的含义,但是由于人们用各种各样的方式应用它,给它下定义反而不大容易。威望可以包含欣赏或惧怕这样的情感:它有时建立在这些情感之上,但也可以完全脱离它们独立存在。例如,亚历山大、恺撒、穆罕默德及佛祖释迦牟尼,他们都已作古,因而人们并不害怕他们,但他们却在人们心中拥有极高的威望;另外还有一些人们并不欣赏的虚构的存在,如印度地下神庙中那些奇形怪状的神灵,我们会因为它们的威望而心有余悸。

事实上,威望是指某个人、某部作品或某个观念对我们头脑的某种控制。这种控制会使人彻底丧失判断力,心中充满惊奇和敬意。就像一切情感那样,由此产生的情感也无法解释。不过,它类似于人被具有磁力的东西吸引时的那种感觉。威望是最强有力的控制手段。离了它,无论神灵、国王还是美女都会失去控制力。

我们可以把各种各样的威望主要分为两种类型:先天威望与个人威望。先天威望是由姓氏、财富和名誉赋予的,与个人威望无关。相反,个人威望则属于某一个人,它既可以与名誉、荣耀和财富共同存在,或因此得到强化,也可以脱离这些而独立存在。

先天威望,或者叫人为威望,更为普遍。一个人只要取得某种职务,拥有一定财富,获得了某些头衔,就算他毫无个人价值,也会具有威望。身穿制服的军人和红袍加身的法官总能让人感受到几分威严。帕斯卡尔(Pascal)就曾明确指出,法官们必须穿袍子、戴假发,要是不这么做,他们就会失去大部分权威感。哪怕最激进的社会主义者,碰到亲王或侯爵时也会多多少少在心里产生一些敬畏感。只要拥有这些头衔,就可以尽情地敲诈商人。[1]

上面讲的威望都是以人为载体的，除此之外，观念以及文学、艺术作品等也可以表现出一定的威望，但是它们的威望往往是长年累月不断重复的结果。历史，尤其是文学史与艺术史，不过是在重复相同的判断。没有人想花力气去证实这些判断是否正确，每个人都在重复自己在学校里学到的知识，直到出现了一些没有人敢干涉的名称和事件。对现代读者来说，读荷马（Homère）的著作无疑非常无聊，但谁敢说出来呢？帕台农神庙（Parthénon）现在的样子就是一座破破烂烂的废墟，让人完全提不起兴趣。但是它的威望极高，在人们眼中，它不是现在这个样子，而是承载着一连串历史记忆的神圣建

〔1〕 头衔、勋章及制服能对群众产生的影响，在各个国家都是有迹可循的，即使是在个人独立观念最发达的国家也无法免俗。对于英国某些名流所享有的威望，我从一位旅行家的新作当中引述了一段有意思的话："我在各种场合都发现，就连最理智的英国人，也会由于和某个贵族有所来往或者因为自己见到了某位贵族而表现出非同一般的兴奋。只要这个贵族的财产能维持他的地位，人们就会提前对他抱有好感。为了能与之交往，人们甘愿倾其所有。他走过来时，他们会高兴得脸红，如果他跟他们交谈的话，他们就会表现出难以克制的愉悦，满脸通红，眼中闪烁着不寻常的光芒。可以这么说，他们从骨子里崇拜贵族，这与西班牙人热爱舞蹈，德国人喜好音乐，法国人热衷革命没什么两样。英国人对马和莎士比亚的热情都没有这么强烈，因为这两者带给他们的满足和骄傲并非是人们生活中不可或缺的部分。在英国，与贵族相关的书籍都十分畅销，无论在哪都有人阅读，人们跟读《圣经》一样翻阅那些书。"

筑。威望的特性就在于阻止人们把事物看成它们的现实状态，从而使人们丧失一切判断力。对于一切问题，群体与个体往往都需要现成的看法。这些看法是否能赢得群体的认同，全视它们的威望而定，与其本身是否正确无关。

现在谈谈个人威望，它与上面讲的人为的或者先天的威望在本质上就有很大的不同。它是一种专属于少数人的、与一切头衔和权威都不相干的素质，人一旦拥有这项素质，就可以对周围的人释放磁铁一般的神奇魔力，紧紧地吸引着周围的人。即使这个人与众人在社会地位上是平等的，即使他连最基本的统治手段都不会用，他也能令周围的人为其着迷。他可以使周围的人接受自己的想法与情感，而周围的人也会乖乖地服从，就像马戏团的猛兽一样，虽然它们可以把驯兽师一口吞下，却还是温顺地听他的指令。

群体的伟大领袖们，如佛祖、耶稣、穆罕默德、圣女贞德及拿破仑，都有极高的个人威望。他们之所以受到众人仰慕，主要就是由于这种威望的作用。神灵、英雄和教义同样如此，但它们都不能承受争议，一旦受到质疑就会消失不见。

我上面提到的这些伟大人物，他们早在声名鹊起之前就具有这种神奇魅力，没有它，他们也就无法成为伟人。例如，在拿破仑尽享荣誉达到人生巅峰时，显然仅凭其权势，他就享有极高威望。然而,在他还是个无名小卒之时,就已经部分地具备了这种威望。当这位没什么名气的将军被派去指挥意大利的军队时,他面对的是一群难对付的将军,他们准备让这位督政府派来的新人吃点苦头。可是,从一开始,从第一次会见起,他没有开口说话,没有做什么动作,也没有表示出威胁,但这些将军们从看到这位未来伟人的第一眼起,就全都被征服了。泰纳根据当时人们的回忆,把这次会面写成了一个有意思的故事。

在师部的将军之中,奥热罗出身行武,既英勇又粗野,仗着自己人高马大、生性剽悍就目中无人。他走到营区,不怀好意地来见这位巴黎派来的矮个子暴发户。人们对这个矮个子的评论他已有所耳闻:巴拉斯跟前的红人;因旺代事件被授予将军军衔;街头霸王,成天想着打架斗殴;其貌不扬,享有数学家和幻想家的称号。对于这些评论奥热罗不屑一顾,并对拿破仑产生了反感。各位将军到齐后,拿破仑让他们等在外面。最后,他穿戴整齐、束着佩剑出现在众人面前。他先说明了自己的部署,然后下达命令,最后打发他们离开。奥热罗一直保持沉默,直到出去之后才恢复镇定,开始像平常一样骂骂咧咧;他跟马赛纳(Masséna)都认为,这个小个子将军让人害怕。

他想不通,为什么自己一看到他就感到强烈的压迫感。

成名后,拿破仑的威望随着荣耀与日俱增,在其追随者看来,他就像神一样无所不能。旺达姆(Vandamme)将军是大革命时期的军人,比奥热罗还要粗暴傲慢。

1815年的一天,他和阿纳诺(Ornano)元帅一同走在杜乐丽宫的楼梯上,谈及拿破仑时,他这么说道:"亲爱的元帅,我搞不明白,这个魔鬼一样的家伙对我施了什么法术,我既不怕上帝也不怕魔鬼,但只要一靠近他,就会哆嗦得像个孩子一样。即使他命令我上刀山、下火海,我都会毫不畏惧。"

与拿破仑有过接触的所有人,都能感受到这种魔力。[1]

达伍(Davoust)在谈及马雷(Maret)和他自己对拿破仑的

---

〔1〕 拿破仑对自己的威望有十分清醒的认识,他知道,要是自己对待身边的大臣比对待马夫还要差,他们只会更加顺从,尽管这些人当中不乏享誉欧洲的国民公会议员。当时流传的许多轶事都说明了这点。某天,拿破仑竟然在国务会议上粗暴地责骂伯格诺,简直就像对待一个冒失的仆人一样。达到效果之后,拿破仑走过来问伯格诺:"喂,大笨蛋,你找回脑子没?"身材如鼓手一样高大的伯格诺在那儿恭敬地弯着腰,小个子(拿破仑)伸出手,揪了揪大个子(伯格诺)的耳朵。"这是宠信的标志,简直令人沉醉,这是殿下常有的亲密举动。"伯格诺后来写道。从这一事例中我们可以清楚地看出,威望竟然能引发如此的效果,听起来真叫人觉得俗不可耐。这让人不难理解,为什么大暴君总是用十分轻蔑的态度对待自己的亲信——因为他只是在利用他们成就自己的威严。

忠心时说：

如果陛下对我们两个人说："毁掉巴黎，杀光城里所有的人，一个都不要放过，这对我的统治十分重要。"我敢肯定的是，马雷会保守秘密，但他可能会忍不住提前放自己的家人出城，而我则担心那么做会走漏消息，所以会留下我的妻子和孩子。

必须记住拿破仑的这种非凡魅力才能理解，为什么他能从埃尔巴（Elbe）岛神奇地重返法兰西，并以闪电般的速度征服了这个国家。当时，他所面临的情况是：他要独自一人面对法国的全部武装，面对那些对他曾经的暴政可能已经感到厌烦的法国军队。那些被派来逮捕拿破仑的将军们都曾发誓不辱使命，而拿破仑只是看了看他们，他们便乖乖地服首称臣了。

英国将军沃斯利写道：

拿破仑从他的流放地埃尔巴小岛逃了出来，几乎是只身一人回到了法兰西。短短几周之内，他兵不血刃，成功地推翻了法兰西在合法皇帝统治下的一切权力组织：没有什么比这

更能显示一个人惊人的影响力了吧?在最后的那场战役中,盟军自始至终一直都很被动,而且拿破仑的影响力是如此强大以至于反法同盟总是被他玩弄于股掌之中,而且他差点就打败他们了!

拿破仑死后,他的威望有增无减,而且他的威望竟然还让他的一个名不见经传的侄子当了皇帝。时至今日,仍然有人在不断地续写他的传奇故事。由此可见,这位伟人虽已故去,但人们对于他的传奇经历还是如此缅怀。

看来一个人只要具有足够的威望以及维持这种威望所必需的才能,他就能随心所欲,即使他让人民生活在水深火热之中,即使东征西讨致使数百万人丢了性命,人们也并不介怀。

无疑,为了说明威望的作用,我在此引用了一个不同寻常的例子。但是这对于理解那些伟大的宗教、学说及帝国的起源很有帮助,不考虑威望对群体的巨大影响,就无法理解它们是如何形成的。

然而,威望并非只能建立在个人魅力、军事荣誉或宗教敬畏上,它可以源自更为朴实的事物,而且其影响力也毫不逊色。

我们所处的这个世纪就有几个例子，其中最不可思议、最值得后人世代传颂的，莫过于这样一位伟人——他把大陆一分为二，既改变了地球的面貌，也使各民族的贸易关系发生了变化。他的丰功伟绩既要归功于他个人的顽强意志，也要归功于他身上散发出的能让周围人着迷的魅力。面对人们的一致反对，他只用行动来证明自己。他无须长篇大论，在他释放出来的魅力面前，反对者最后都成了他的朋友。英国人曾经最为激烈地反对他的计划，但他一在英国现身，就赢回了所有选票。后来，当他晚年再次路过南安普顿时，一路上都能听到教堂的钟声。如今，英国人还准备为他立一座塑像。

“征服了一切——人和事、沼泽、岩石、沙漠——之后”，他认为没有什么能难倒自己，于是他想在巴拿马复制苏伊士运河的成功。他重操旧业，但无奈岁月催人老，并且夷平高山的梦想，也只有在山不是过于高大时，才能得以实现。高山拒不合作，随之而来的灾难粉碎了笼罩在英雄身上的耀眼光环。他的一生既见证了威望是如何产生的，也见证了威望是怎样消失殆尽的。他所取得的成就，即便与历史上最伟大的英雄相比也毫不逊色，但他却被自己国家的法官们视为十恶不赦的罪犯。他去世后，棺木孤零零地从一群无动于衷的人群中经过。唯有外国领袖向他致敬，就像怀念历史上的伟大人物一样来缅怀他。[1]

上面提到的各种例子还是比较极端。但是为了详细地了解威望的心理机制,我们需要从一系列事例的极端情况入手。这一系列事例所及范围十分广泛:其起点是宗教和帝国的建立者,其终点是那些想要用一件新衣服或新饰品来向邻居们

---

〔1〕 对于雷赛布的命运,一家外国报纸——维也纳的《新自由报》通过非常合理的心理学思考进行了论述,其内容堪称卓绝,为此,我引述如下:

“见证了费尔迪南·德·雷赛布的判决后,人们就不该再为克里斯多夫·哥伦布的悲惨结局感到吃惊。如果说雷赛布是个骗子,那么一切高贵的幻想就都是犯罪。如果事情发生在古代,古人们肯定会给雷赛布戴上荣耀的光环,并让他饮下奥林匹斯山中的神酒,因为他改变了地球的面貌,成就了造福万物的伟业。由于给雷赛布定罪,上诉法庭的大法官也会永远被人们记住,因为他给一位老人——一位时代的伟人——穿上了苦刑犯的囚衣。既然这位法官不担心自己会给时代抹黑,人民也没必要忘记他的罪行。

只要仇视伟大创举的官僚主义盛行,就别再奢望存在不屈的正义。民族需要这些勇敢的人——他们相信自己,能冲破一切障碍,不计较个人得失。如果天才做起事来总是事事瞻前顾后、处处小心谨慎,他就不可能会成就伟大的功绩,也无法扩大人类的活动范围。

……在苏伊士和巴拿马两条运河上,费尔迪南·德·雷赛布既经历了胜利的狂喜,也承受了挫败的苦涩。在这点上,他不禁对成功的规则感到愤愤不平。当雷赛布成功地把两大洋连接起来时,国王和人民都纷纷向他致敬;如今,当他在科迪雷拉斯的巨石面前遭受挫败时,他就成了无耻的骗子……这其中牵扯到社会各阶级之间的斗争,政府和雇主们出于不满,想通过刑法来向那些脱颖而出的人进行报复——因为这些天才想要做成其他人难以企及的大事……面对天才的伟大理想,现代立法者深感不安,而且群众也更无法理解天才的想法,但是对于检察官来说,证明斯坦利(Stanley)是个杀人犯、雷赛布是个大骗子却并非难事。”

炫耀的家伙。

在这些极端的事例当中,我们可以在文明的各种元素中——科学、艺术、文学等——发现威望的所有表现形式,同时我们还能看到威望是说服大众的基本元素。具有威望的人、观念或事物,通过传染,会立刻受到人们有意无意的模仿,而且还会使整整一代人都接受某些情感的表现模式或思想的表达方式。此外,模仿往往是无意识的,正是由于这一点,它才能完美地发挥作用。某些现代画家在模仿原始绘画那种暗淡色彩与僵硬线条时,很少能意识到自己的灵感源自哪里,他们以为自己是在表达真情实感,好在有位杰出画家使这种艺术形式重获新生,不然人们还是只看到其幼稚拙劣的方面。还有些艺术家模仿另外一位著名画家,用紫罗兰色的阴影铺满画布,然而,在大自然中,他们在那个地方并不能比五十年前的人看到更多的紫罗兰色,他们只是受到这位画家富于个人色彩的独特画风暗示。这种画风虽然显得古怪,但还是为画家赢得了极高的威望。

在文明的所有元素中,这样的例子比比皆是。

根据上文的内容,我们认识到,威望的产生涉及不少因素,而成功则是其中最重要的因素。所有成功人士,所有被人们接受的观念,因为已经取得成功而不再受任何质疑。成功是赢得威望的关键一步,证据就是:一旦失败,威望就会荡然无存。昨天还受群众拥护的英雄,今天一旦遭受失败,就会被喝倒彩。威望越高,这种反差就会越明显。因为群体认为失势的英雄与自己没什么两样,他们为自己曾拜倒在这样一个没有权势的人面前而恼羞成怒。当罗伯斯庇尔呼声极高时,他可以对自己的同僚痛下杀手,甚至滥杀无辜。然而当选举形势发生变化,他的权力被剥夺之后,他一下子就丧失了当初的威望。这时,群众开始像诅咒其他失败者一样诅咒他,并把他送上了断头台。

信徒们一旦不再信仰某个神,就会无情地砸烂他的塑像。

威望会随着失败的到来很快消失,而且它也会随着争议的出现而流逝,只不过争议发挥作用的过程相对缓慢些,但其威力绝对是不容小觑的。威望一旦受到质疑,就算不上威望了。能够长时间维护自己威望的神和人,都会极力抵制争议。要想被群体崇拜,就必须与之保持一定距离。

第四章

群体的信仰与观念的变化范围

那些宗教传说,如果我们仔细研究就会发现它们十分荒谬:上帝因为自己创造出来的人不听话,为了报复,就用可怕的酷刑折磨自己的儿子。在长达几百年的时间里,人们都没有发觉这个神话是多么荒谬可笑,就连伽利略、牛顿、莱布尼茨这样伟大的天才,也从未质疑过这些教义的真实性。

稳定的信念

生物在解剖学上的特征与在心理学方面的特征有不少相似之处。

在解剖学特征中,我们发现有些特征始终不变或者绝少发生变化。要想改变这些特征,必须经历漫长的地质年代。除了这些稳定的、不可毁灭的特征,还有一些多变的特征,我们通过改变环境或者通过驯养及园艺技术就可以轻易地改变它们。要是观察者不够认真细致,它们有时甚至能掩盖那些基本特征。

在心理特征方面同样如此。一个种族既有难以改变的心理因素,也有其他易变或多变的因素。这就是为什么在研究一个民族的信念和观点时,我们总能发现,在非常稳定的信念的基础上会生出一些多变的观点,它们就像覆盖在岩石表面的沙子一样变化多端。

因此,群体的信念与观点可以分为相互区别的两类:一类是那些重大的、永恒的信念,可以历经几百年不变,所以它们构成了整个文明的基础。例如,过去的封建观念、基督教和新教教义、我们当今的民族主义原则以及民主和社会主义思想。另一类则是一些短暂的、多变的观点,它们往往是每个时代内短暂存在的一些普遍观念的产物,如某一时期引领文学与艺术的理论学说——在它们的影响下产生了浪漫主义、自然主义及神秘主义等流派。这些观念与时尚一样往往只是表面文章,十分变化多端,它们就像是幽深的湖泊表面上不断产生和消逝的涟漪。

伟大的普遍信念在数量上非常有限。它们的兴衰是每个著名种族历史发展的关键。它们构成了文明真正意义上的基础。

在群体心中树立一种暂时的观点并不难，而建立持久的信念则绝非易事；一旦一种信念在群体心中扎了根，想要推翻它同样非常困难，往往只能以暴力革命为代价才可以迫使它改变。但是只有当信念本身已经差不多完全丧失了对人们头脑的控制力时，革命才拥有改变信念的力量。因此，革命的作用只不过是扫除掉那些没有活力但由于习惯还没有被完全抛弃的东西。革命的开始实际上就意味着某种信念的灭亡。

一个伟大信念灭亡的确切时间十分明显而且易于辨认——也就是人们质疑它的价值的那一刻。一切普遍信念都是杜撰的，只有免予检验才能站得住脚。

然而，即使一种信念受到强烈的撼动时，以它为基础建立起来的体制却还可以保持自己的实力，不会一下子被连根拔起。而一旦信念彻底丧失影响力，它所支撑的一切就会很快土崩瓦解。

所有民族在决定彻底改变他们的全部文明因素之时，会同时转变他们的民族信仰，迄今为止无一例外。转变过程会一直持续，直到这个民族找到并愿意接受一种新的普遍信念为止，而在这之前，民族势必会一直处在无政府状态。普遍信念是一种文明必不可少的支柱，它们决定着各种观点的倾向，并且只有它们才能激发出人们的信仰和责任感。

各民族一直对拥有普遍信念的好处有着清楚的认识,而且他们凭直觉就能明白,信念的消失标志着衰落的到来。对罗马的狂热崇拜是罗马人得以称霸世界的信念,一旦这种信念消亡,罗马就难逃衰落的命运。而对于摧毁了罗马文明的野蛮入侵者,只有当他们形成一些共同的信念,达到一定的凝聚力,摆脱了无政府状态后,才算建立起真正意义上的统治。

一个民族总是近乎偏执地维护自己的信念,无法容忍任何质疑,这是有一定原因的。站在哲学角度,这种偏执并不可取,但是它代表着一个民族生命中最重要的品性。在中世纪,正是为了奠定或维持普遍信念,人们才会烧死那么多发明家和革新者,这些人就算逃脱了极刑,也会在绝望中死去。正是为了捍卫这样的信念,世界才常常出现混乱不堪的局面:无数人战死沙场并且还会有人步其后尘。

树立普遍信念十分困难,然而它一旦被最终确立,就会在相当长的时间里一直拥有一种不可战胜的力量。不管它在哲学上多么荒谬,都能征服最有智慧的头脑。在超过一千五百年的时间里,欧洲各民族不是一直把宗教传说奉为真理吗?而如果我们仔细观察,就会发现它们跟摩洛克神(Moloch)的传说一样残忍:[1]上帝因为自己创造出来的人不听话,为了报复,就用可怕的酷刑折磨自己的儿子。在长达几百年的时间里,人们都没有发觉这个神话是多么荒谬可笑,就连伽利略、牛顿、莱布尼茨这样伟大的天才,也从未质疑过这些教义的真实性。这个例子最能显示出普遍信念对人们产生的催眠作用,也最大限度地披露了我们头脑的局限性,这简直是对我们智慧的一种侮辱。

新的教义一旦植根于群体的头脑,就会很快成为人们灵感的源泉。群体在新观念的影响下会创造出各种体制、艺术形式及生活方式,此时,这种观念已经对人们头脑发挥了绝对的控制力。实干家只想着怎么实现它,立法者致力于实施它,哲学家、艺术家和文学家则一心想用各种形式来表现它。

那些短暂的观点可以说是在基本信念的基础上派生而来的,而且它们身上永远都被烙上了基本信念的印迹。埃及文明、中世纪的欧洲文明以及阿拉伯的伊斯兰文明都源自为数不多的那几个宗教的信念。这些宗教信念给那些文明中的所有事物都打上了烙印,即使在最不起眼的事物上也留下了人

[1] 我在这里是从哲学的角度上称其残忍。站在实际角度,它创造了一种全新的文明,在长达一千五百年里,它使人类仿佛看到了梦想与希望织成的梦幻天堂,他们以后再也不会有这种经历了。

们一眼就能辨认出来的蛛丝马迹。

就是因为有了这些普遍信念,每个时代的人都被传统、观念及习惯束住手脚,无法摆脱它们的制约,但这也使他们相互之间有不少共同点。信念以及在信念基础上产生的习惯支配着人们的行为,即使是生活中最细小的行为都要受它们的控制,就连最具独立意识的人也难以逃脱。真正的专制其实是那些潜移默化地控制人们的头脑,而人们却又无法反抗的统治。提比略(Tibère)、成吉思汗、拿破仑无疑都是令人生畏的暴君,但是摩西(Moïse)、佛祖、耶稣、穆罕默德和路德(Luther)虽然长眠地下,却对人们的头脑实行着更为深刻的统治。谋反可以推翻暴君,但无法改变坚定的信仰。在同天主教信仰进行的激烈斗争中,尽管民众表现出普遍赞同,尽管使用了如同宗教法庭一般冷酷的毁灭性手段,伟大的法国大革命还是失败了。在人类历史上,只有死者的亡灵或者人们自己创造出的幻觉称得上真正的暴君。

尽管普遍信念往往在哲学上显得十分荒谬,但这从不妨碍它们赢得人心。甚至只有当它们包含某种神秘的荒谬性时,才能被人们接受。因此,当前的社会主义信仰虽然具有明显的弱点,但这并不影响它赢得群众的支持。与一切宗教信仰相比,社会主义的真正缺陷在于:宗教信仰所允诺的幸福理想只有在来世才能实现,因而没人能质疑;而社会主义的幸福理想则不同,必须在现世兑现,因此,社会主义只能发展壮大到它开始切实兑现诺言的那天为止。

群体的观点如此多变

我们刚刚讨论了稳定信念的影响,以它们为基础,有些观念、想法及思想不断地产生、消亡。其中有些只是昙花一现,它们中最重要的也不过几十年的寿命。我们已经指出,那些观点的突然变化有时更多的只是停留在表面上,称不上真正的变化,并且它们总是受种族意识的影响。例如,在法国的政治制度中,存在表面上极其对立的政党:保皇派、激进派、帝国主义者、社会主义者等,但它们都有一个绝对相同的理想,而且这一理想是由我们种族的精神结构决定的,就算其他种族有与这些相似的名称,本质上也绝不相同。无论人们给观念起什么样的名称,做多么具有迷惑性的改造,都没办法改变事物的本质。大革命中的资产阶级,尽管饱读拉丁文献,仰慕罗马共和国,采用它的法律、权杖及长袍,试图模仿它的制度和典范,他们仍然无法成为罗马人,因为罗马人是生活在具有强大历史暗示作用的帝国之中的。

哲学家的作用就是,研究表面变化之下是什么在支撑古老的信仰,在观念变化的大潮中,辨认出什么是由普遍信念和种族精神决定的。脱离这一哲学标准,人们就会认为群体总是任意改变自己的政治信仰或宗教信仰,而整个历史——无论是政治史、宗教史,还是艺术史、文学史——似乎都证明了这一点。

以法国历史中一个很短的时期,即从 1790 年到 1820 年这短短的三十年,正好一代人的时间为例。在这期间,群体一开始支持君主制,接着变得富于革命精神,之后成了帝国主义者,最后重新拥护君主制。同一时期,在宗教方面,他们先信仰天主教,接着支持无神论,之后相信自然神,最后又坚定地拥护起天主教。不仅群体,领导他们的领袖的立场也处于不断变化之中。我们惊讶地发现,伟大的国民公会议员们——他们曾发誓反对皇权,既不信奉上帝,也不接受奴役——竟然摇身一变,成了拿破仑最恭顺的奴仆,而在路易十八统治时期,他们又虔诚地举着蜡烛,走在宗教仪式的队伍当中。

在接下来的七十年里,群体的观点又发生了各种变化。十九世纪初英国人被法国人称为“背信弃义的英国佬”,但在拿破仑的继承人统治时期,英国人却一下子又成了法国的盟友;在历史上,俄国人曾两次遭到法国的入侵,看到法国最近的挫败,俄国人十分欣慰,于是他们也成了法国人的朋友。

在文学、艺术及哲学方面，观念的转变更是马不停蹄。浪漫主义、自然主义、神秘主义等不断涌现，然后又相继消亡。某些艺术家和作家，昨天还大受欢迎，明天就有可能被打入“冷宫”。

然而，对于这些表面上如此剧烈的变化，如果加以分析，会得出什么结论？一切与种族的普遍信念与情感相对立的事物，都只能昙花一现，就像逆流很快就会回到主河道一样。那些与种族的任何普遍观念或情感都不相关的观点或学说，都不可能稳定地存在，一切偶然因素都能影响它们——或者更准确地说——只要环境稍有变化，它们就会随之改变。它们只是在暗示和传染的作用下形成的暂时观念；有时，它们迅速产生并有所发展，然后很快不见踪影，就像在海风的吹拂下形成的沙丘一样。

如今，群体所持有的观点中，易变观点达到了过去从未有过的数量，这主要由于以下三个原因：

首先，古老的信仰正在逐渐丧失影响力，它们不再像从前那样，能作用于暂时观念并使之遵循一定的导向。普遍信念的缺失，给一些转瞬即逝的特殊观念创造了生存空间。

其次，群体的力量正在不断壮大，而能与之抗衡的事物越来越少，群体在观念上的极端多变性——我们已经对这一特点有所了解——就可以得到淋漓尽致的表现。

最后,近些年来,随着报业的不断发展,群体可以接触到截然不同的观点。其中每个观点所能产生的暗示作用,会很快遭到相反暗示的抵消。结果,哪个观点也没办法被大多数人接受,注定都只是昙花一现。一个观点在还没有传播开来成为普遍观念之前,就已经被人们遗忘了。

由于上述各种原因,世界史上产生了一种前所未有的现象,我称之为政府在引领大众舆论上的无能,这也正是如今这个时代特有的特征。

过去,政府的行为、某些作家及少数几家报纸的影响便可以很好地掌控舆论。如今,作家已经没什么影响力了,报纸则只能反映舆论,至于政治家们,别说引领舆论,他们能跟上舆论走势就不错了。他们不仅害怕舆论,有时甚至畏惧舆论,这使他们的行为准则极其多变。

因此,公众舆论对政治的调控作用越来越大,简直成了最为重要的因素。如今,它甚至可以迫使国家结盟,如最近的法俄结盟就是由群众的意见决定的。当前,有个现象非常有意思,那就是教皇、国王和皇帝们纷纷屈尊,愿意接受采访,把自己对于某个问题的看法交给群众裁夺。我们以前可以说,政治与感情无关,而如今,政治正越来越多地受群体的一时冲动的领导——而群体缺乏理性，只受情感支配——我们还能这么说吗？

至于曾经引领舆论的报纸，则跟政府一样，在群体力量面前甘拜下风。当然，报纸仍发挥着相当大的影响力，这是因为只有它可以反映群体的观念及其不断的变化。报纸现在只是传递信息的工具，所以它不再努力去让公众接受任何观念、学说了。迫于竞争压力，各大报纸必须紧跟大众思想的一切变化，否则就会失去读者。在过去，像《宪报》(*Constitutionnel*)、《论坛报》(*Débats*)及《世纪报》(*Siècle*)这样严谨而有影响力的报纸，它们的观点总是被上一代人奉为神谕，虔诚地采纳；如今，它们要么已经消失，要么就成了典型的现代报纸，有用的信息都夹杂在各类轻松专栏、上流社会的流言飞语以及商业广告之间。当前，还没有哪家报社的经济实力可以雄厚到允许撰稿人随意发表个人见解，因为这些人的见解已经不能迎合读者的口味了，现在读者想要的只是获取信息或者得到消遣，他们对于一切论断都持怀疑态度。甚至评论家的评论也不管用了，他们的断言已经无法使哪本书或者某个剧本获得成功了，他们的负面言论效果不错，但没办法让自己的正面言论发挥影响。各家报纸深知，评论或个人观点都没什么用处，于是，逐渐取消了文学评论，只刊登作品的名称和两三句推荐语。二十年后,戏剧评论也很有可能落得同样的下场。

如今,密切注意舆论动向已成为各家报纸以及各国政府的首要任务。它们需要不断追踪一个事件、一项法案或一次演讲造成了怎样的影响。这并非易事,因为没有什么东西比群体的想法更易变、更难以捉摸了。群体对一件事的态度总是摇晃不定,昨天还在为它欢呼喝彩,今天就会对它大加谴责,这已成司空见惯的事情了。

随着舆论导向的彻底消失以及普遍信仰的瓦解,最终的结果就是人们的信念会极端分化,而群体对不明确触及自己直接利益的事物,也越来越无所谓。关于包括社会主义在内的学说,只能在最没文化的阶层中招募到真正虔诚的拥护者,比如在矿山和工厂的工人中。小资产阶级和受过一定教育的工人,他们要么成了怀疑主义者,要么就是没有稳定信念的人。

二十五年来,这种变化十分惊人。就在不久以前的那个时代,人们的观点还带有一种普遍倾向,那是因为当时的人们都认同某种根本信仰。只要有人拥护君主制,人们就可以断定他具有哪些明确的历史观和科学观,而如果有人支持共和制,那么他肯定持有截然相反的观念。君主制的拥护者坚信,人不是由猴子变来的,而共和主义者同样坚决地认为,人就是猴子的后代。在谈及法国大革命时,君主制的拥护者无比憎恨,而共和主义者则心怀崇敬。人们提到罗伯斯庇尔和马拉(Marat)这样的名字时,一定要带着虔诚的神情,而像恺撒、奥古斯特(Auguste)和拿破仑这样的名字,一提到就必须予以强烈的抨击。甚至在索邦大学(Sorbonne),这种对待历史的幼稚的解读方式也普遍存在。[1]

今天,一切观点都因为讨论和分析而丧失了威望;它们的光芒消失得过快,存在的时间如此短暂以至于还没来得及激发出人们的热情就已经退出了舞台。于是,现代人正变得越来越麻木不仁。

我们并不需要为观念在影响力上的普遍弱化而过于难过,尽管这无疑标志着民族正逐渐走向没落。但可以肯定的是,与凡事持否定、批判态度或者一直麻木冷漠的人相比,那些有远见的人、布道者以及领导者们——总之是那些有信仰的人——总能发挥更大的作用。我们也不要忘记,以群体目

[1] 这表明,在法国政府任命的那些教授的作品当中,有些地方实在令人费解。这也显示出,在我们的大学教育体制下,批判精神难以有所发展。从索邦大学历史教授兰博(M. Rambaud)先生的《法国大革命》(*Révolution française*)一书中,我摘录下面的两段话作为引证:

"攻占巴士底狱,不仅在法国历史上,并且在整个欧洲历史当中,都称得上最重要的事件,它还标志着世界史上开始了一个新时代。

关于罗伯斯庇尔,我们惊讶地读到:他的独裁主要体现在控制舆论、进行说服及建立道德权威方面,就如同一个高尚的人在行使教皇的职权。"

前的势力,如果哪个观念拥有足够的威望,得到了广泛的接受,那么它将很快掌握无比专制的权力,足以征服一切,自由讨论的时代有可能会就此结束了。

群体有时表现得像个平易近人的主子,就像赫里奥加巴勒(Hélio-gabale)和梯比留(Tibère)一样,但他们也是狂暴、任性的。一种文明一旦发展到由群体操控的地步,就很难再有机会维系下去了。如果想推迟这种文明毁灭的最后期限,那就只有一个办法:放任群体去不断改变自己的观点以及任凭群体对一切普遍信念都保持无动于衷的态度,唯有这种办法才能使那种文明有苟延残喘的机会。

第三卷

不同类型群体的分类及描述

第一章

群体的分类

群体分为：异质性群体，由从事各行各业、智力水平各异的个体组成；同质性群体，包括派别、身份团体、阶级。

在本书中，我们已经指出心理学群体具有哪些普遍特征。但仍有待说明的是，除了这些普遍特征，当不同类型的集体在适当的刺激下转化为群体时，所表现出的个别特征。

我们先简单地阐述群体的分类。

我们研究的出发点是简单的人群。当人群是由来自不同种族的个体组成时，我们看到的便是这一人群的最低形态。在这种情况下，把个体成员联系到一起的唯一纽带就是头领的意志，每个个体都要或多或少地服从它。那些侵犯罗马帝国长达几百年的野蛮人就是一个典型，他们就是那种由不同来源的个体混合而成的人群。

比这种由不同种族的人组成的人群更高级的,是在某些因素的影响下,取得了某些共同特征,并最终形成了一个种族的人群。虽然这样的人群有时表现出群体所特有的特征,但这些特征总是在一定程度上受种族特征的制约。

在本书已探讨过的某些因素的影响下,这两类人群能转变为有组织的群体或心理学群体。我们对这些有组织的群体做如下划分:

A　异质性群体:

无名称群体,如街头群体;

有名称群体,如陪审团、议会等。

B　同质性群体:

派别,如政治派别、宗教派别等;

身份团体,如军人、神职人员、工人等;

阶级,如资产阶级、农民阶级等。

我们将简单地介绍这些不同类型群体的特征。

异质性群体

本书前面的章节中,我们研究的正是这种群体的特征。这种群体是由从事各行各业、智力水平各异的个体组成的。

我们现在已经了解到,个体一旦成为群体的一员,就会形成与个人心理有本质不同的群体心理,而且其智力也会因为加入群体而受到明显影响。我们已经发现,在群体中,智力是没有什么威力的,只有无意识情感可以大行其道。

作为一个基本因素,种族可以使各种异质性群体产生显著的区别。

我们不止一次谈到种族的作用,并指出在决定人们行为的因素中,种族的作用最为关键。

种族还可以决定群体的特征。对于那些由来自相同种族的任意个体组成的群体,例如,其成员全是由英国人、中国人、俄罗斯人、法国人或西班牙人组成,虽然都是由任意个体组成,但因为种族不同就会表现出大不相同的特征。

如果群体由不同种族的个体组成,并且各种族成员数量大体相当(尽管这种情况相当少见),由于他们各自继承的心理结构不同,在感受和思维方式上存在严重的分歧,无论表面上看来把他们团结在一起的利益多么一致,他们之间的激烈冲突都是在所难免的。在代表大会上,为了使不同国家的工人阶级代表团结起来,社会党人做了不少尝试,但总是引发最激烈的争执。拉丁民族群体——无论是革命派还是保守派——为了实现自己的目的,总是希望借助国家的干预;他们更青睐中央集权,在一定程度上赞同恺撒式的独裁统治。相反,英国人或美国人组成的群体则不依赖国家,凡事全靠个人主动性。法国人的群体把平等放在首位,英国人的群体则认为自由高于一切。正是由于各民族的不同特点,各个国家的社会主义与民主理念表现出各不相同的形式。

可以看出,种族的特点对群体的性情有着十分重大的影响。种族作为强大的基础性因素,对群体心理的起伏波动起限定作用。“种族精神对群体影响巨大,群体低劣的本性与种族精神相比就不那么重要了。”我们可以把这当成一条根本准则。群体状态与群体统治是一种野蛮状态,或者说是一种回归野蛮状态。只有获得结构稳定的群体精神,种族才能越来越不受冲动的群体力量的控制,摆脱野蛮状态。

除了种族因素,对异质性群体来说,最重要的分类就是把它们分成了无名称群体——街头群体和有名称群体,如评审大会和陪审团。前者没有丝毫责任感,而后者则有很强的责任感,这往往使他们的行为大相径庭。

同质性群体

同质性群体包括:(1)派别;(2)身份团体;(3)阶级。

派别代表的是同质性群体组织过程中的第一级。它由在教育、职业及社会地位方面差别很大的个体组成，信仰是他们之间唯一的联系纽带。宗教和政治派别就是如此。

身份团体是群体组织过程中的最高级别。它不同于派别——由教育、职业及社会地位方面差别很大，只因共同信仰而联系在一起的个体组成。身份团体当中的个体都从事相同的职业，他们的教育水平和社会地位因而十分接近，如军人和神职人员团体。

阶级是由各种出身的个体组成，与派别的成员不同，把他们联系在一起的不是共同的信仰，他们也不像身份团体的成员那样具有相同的职业。同一阶级的个体是由于某些非常一致的利益、生活习惯及教育背景而走到一起的，如资产阶级、农民阶级。

本书只研究异质性群体，对同质性群体（派别、身份团体和阶级）的研究将留给另一本书。因此，我在这里就不再赘述后者的特征。接下来，我将选取几种典型的特殊群体进行阐述，以此来总结我对异质性群体的研究。

第二章

所谓的犯罪群体

群体可能在法律上有罪，在心理学上却并不是罪恶的，群体的行为完全是无意识的。

由于群体在经历一段兴奋期之后，就会进入无意识状态，他们就像提线木偶一样被暗示牵着鼻子走，因此不管怎样，我们似乎都很难把他们看作罪犯。我之所以保留这个错误的说法，是因为最近的心理学研究已经把这种观点散布开了。

如果单就群体的某些行为本身而言，它们的确属于犯罪行为，但实际上，这就如同猛虎抓到一个印度人后，先让自己的幼仔撕咬一番作为消遣，然后再把他一口吞下一样。

群体的犯罪动机通常是某种强烈的暗示，参与的个体在事后坚信自己当时只是在履行职责，这与一般的犯罪大为不同。

群体犯罪的历史很好地证明了上述观点。

巴士底狱监狱长德·罗奈伊(M. de Launay)的被害就是一个典型的例子。极度兴奋的群众攻进堡垒之后,把监狱长围了起来,一窝蜂地对他拳脚相加。有人提出把他吊死或者砍头,或者拴在马尾巴上拖死。他挣扎着想要逃脱,却不小心踢到了一个人。于是有人提议,让被踢到的那个人砍下监狱长的头,这个建议立刻赢得了在场所有人的赞成。

这是一个不当班的厨子,他在街上闲逛,跟随人群来到巴士底狱,想看看热闹。他认为,既然大家让他这么做,这就是爱国行为,甚至他还觉得自己除掉了一个坏人,应该得到嘉奖。他用别人递给他的刀砍向了监狱长的脖子,但是,由于刀不够利,切不动。于是,他从自己的口袋里掏出了一把黑柄小刀(身为厨子的他当然会切肉),最终圆满地完成了任务。

这个例子清晰地反映了上文指出的暗示的作用过程:杀人者被暗示牵着鼻子走——这种集体暗示的力量十分强大——他深信自己做了一件非常值得称赞的事,由于得到了周围人的一致赞同,他的这种想法显得十分自然。这种行为在法律上被视为犯罪,但在心理学上并非如此。

犯罪群体的一般特征与我们在所有群体中观察到的特征别无二致:易受暗示性,轻信,多变,对或好或坏的情感皆予以夸大,表现出一定的道德品质,等等。

制造“九月惨案”(septembriseurs)的群体给法国历史增添了一段最不光彩的记忆,在这一群体身上可以找到上述所有特征。此外,他们还与制造“圣巴托罗谬惨案”的群体有不少相似之处。基于当时的文献,泰纳先生对这一事件做了详细叙述,我在此引述如下。

对于是谁下令或提出把犯人统统杀掉来腾空监狱的,人们不得而知。很有可能是丹东,也有可能是别人,但这并不重要,我们只对执行大屠杀的群体处于强烈的暗示之下这个事实感兴趣。

这群刽子手大约有三百人,其人员组成称得上是典型的异质性群体。除了极少数的地痞无赖,它主要由各行各业的小店主和手艺人组成:鞋匠、锁匠、理发师、泥瓦工、公司职员、邮递员等。在暗示的影响下,与上面提到的厨子一样,他们完全相信自己是在执行一项爱国任务。他们扮演着双重角色:法官与刽子手,却丝毫没有意识到自己是在犯罪。

他们深信自己担负着的使命,于是开始着手建立一个审判场所,这一行动向我们展示了群体的幼稚和天真的正义感。

鉴于被指控的人为数众多,他们决定把贵族、教士、军官及王室的家仆先行处决,无须对他们的案件进行逐一审理;也就是说,在崇高的爱国者眼中,仅凭职业就可以判断人们是否有罪。而对于其他人,则是通过他们的外表和声誉来判断。通过这种方式,群体最初的良知获得了安宁。于是他们可以合法地大肆屠杀,尽情发泄自己凶残的本能,而且群体总能把这种本能发挥到极致。关于这种本能的根源,我已经在其他地方解释过了。但如同群体的一贯表现,这种本能并不阻碍他们在相反方面表现出极端的情感,例如,他们那些富有同情心的行动有时可能会和他们的凶残行为一样极端。

“他们十分同情巴黎的工人,仿佛可以感同身受。在阿巴耶(Abbaye),那群人中有一个人在得知犯人们已经有二十六个小时没有喝水后,真想杀了失职的看守。要不是犯人们求情,他肯定就这么做了。要是有犯人被(临时法庭)宣告无罪,所有人——包括看守和刽子手——都纷纷和他拥抱,热烈地为其鼓掌。”然后,人们回过头来接着大开杀戒。在这个过程中,欢快的气氛一直笼罩着人们。他们围着尸体又唱又跳,还给那些妇女摆好了“女士专座”,这样女士们就可以坐着观看那些贵族是被如何处决的,和他们共享欢乐。

类似这样的安排还在继续,但是这样的举动总能体现出一种奇特的公平意识。在阿巴耶,一个刽子手抱怨道:那些坐在后面的女士看不清楚行刑过程,同时只有少数参加者可以享受鞭打贵族的乐趣。群众认为这个意见是合理的,于是决定让这些犯人在两排刽子手之间缓慢地通过,并且,为了延长受刑时间,刽子手们只用刀背砍。在福尔斯监狱(la Force),人们把囚犯的衣服扒光,先折磨他们半小时,等所有人都看够了之后,再把他们开膛破肚。

与此同时,这些刽子手们还很严谨,表现出我们在研究群体时就注意到的某些道德品质。他们不贪图受害人的钱财和珠宝,每每发现这些东西,他们都会悉数上交。

群体不善于推理,这是群体心理的一个特征,所以他们的所有行为都不太符合逻辑。于是,在杀了一千二百到一千五百个民族的敌人之后,有人发现,其他监狱中关的都是老乞丐、流浪汉及少年犯,留着这些人也是吃白饭,不如摆脱这个包袱,把他们全杀掉。该提议立刻就得到了群体的采纳。他们之中肯定有威胁民众安全的人,比如有一个叫德拉鲁(Delarue)的女人,她是一位投毒者的遗孀。在面对她时,群体是这样考虑的:“她一定对坐牢极度恼火;如果可以,她会一把火烧毁巴黎;恩,她肯定这么说过。她就是这么说的。她也该杀。”在这种想当然的推理下,所有犯人都被处死了,其中包括五十来个十二岁到十七岁的孩子，他们也被认为对人民构成了威胁，杀死他们仿佛成了天经地义的事。

差不多一周时间，刽子手们完成了所有的处决，他们本可以休息一下。然而，他们深信自己为祖国做出了贡献，于是跑到当局请赏，其中的最兢兢业业者甚至要求被授予奖章。

在 1871 年的巴黎公社运动中，类似的事件也曾发生过。如果群体实力不断壮大，政府在他们面前又总是不断退让，那么这类事件肯定还会出现。

第三章

刑事案件的陪审团

熟悉了身份团体的心理及其他类型群体的心理后，如果遭到莫须有的指控，我肯定不会去跟法官打交道，而是去陪审团面前申辩。在陪审团面前，我尚有可能重获清白之身，但在法官那里则没有丝毫可能。

由于本书无法对所有类型的陪审团分别加以研究，所以只研究其中最为重要的一种，即刑事陪审团。陪审团是有名称异质性群体的典型例子，他们也表现出群体所具有的一些特点：易受暗示、不善推理。但他们很容易受到群体领导人的影响，并且他们主要受无意识情感的支配。在研究过程中，我们还会观察到那些对群体心理不了解的人可能会犯的有趣错误。

首先,就群体的抉择而言,无论群体做出何种决定,都与其内部成员的智力水平没有太大关系,陪审团就是一个很典型的例子。我们已经发现,当评议会成员被要求就非技术问题发表观点时,其智力水平的高低并不影响他们的判断。对于一般性问题,由学者和艺术家组成的群体与由泥瓦工和小店主组成的群体相比,并不见得高明多少。在从前的一些时期,尤其是1848年以前,政府在筛选陪审团成员时非常谨慎,只招募有识之士,如教授、官员、有文化修养的人。而如今,陪审团多由小商人、小老板和雇员组成。然而,令专家们大跌眼镜的是,无论陪审团由哪些人组成,统计显示,他们的裁决都是一样的。就连那些反对陪审制度的地方法官,也无法否认这一点。贝拉尔·德·格拉热(M. Bérard des Glajeux)先生是刑事法庭的前任庭长,他在回忆录中这么写道:

"事实上,选择陪审团成员的权利落在了市议员的手中,他们根据自己所处的政治和选举形势,按照自己的意愿录用或淘汰一些人……商人(不如从前那么举足轻重)及某些政府部门的职员占据着陪审团的大部分席位……虽然许多陪审员表现出了新手的热忱,但随着法官的作用被确定下来,他们的建议和所具备的专业知识便都毫无价值了,那些怀着良好意愿的人在某些谦卑的情形下就被踢出局了。陪审团的精神没有发生任何变化:它的裁决还跟以前一样。”

对于上面引用的这段话,记住其中的合理结论即可,不用管那些缺乏说服力的解释。我们没有必要对那些解释大惊小怪,因为无论是律师还是法官,都不了解群体的心理,也不了解陪审团。上面这段话的作者还讲过一件事,而我从中找到了证据。他说,拉肖先生(Lachaud)作为刑事法庭最著名的律师,总是想方设法阻止聪明人入选陪审团。然而,经验告诉我们,他这么做一点用处也没有。有一个事实可以证实这一点:现在的公诉人和诉讼律师,甚至那些被关在巴黎监狱里的人都已经完全放弃了自己的权利,不去反对陪审员了;正如贝拉尔·德·格拉热先生所述,不管努力程度如何,裁决结果都一样,“它们既没有变得更好,也没有变得更坏”。

和所有群体一样,陪审团深受情感因素影响,但极少被推理打动。一位律师写道:“只要一看到女人给孩子喂奶的景象或者一群孤儿的画面,他们就不可能无动于衷。”德·格拉热先生说:“一个女人只要长得讨人喜欢,就足以赢得陪审团的好感。”

对于那些给社会正常运转构成了严重威胁,同时还有可能危及陪审员自身安全的犯罪分子,陪审团绝不姑息;相反,对那些由于情感原因而犯下罪行的人,陪审团常常网开一面。面对杀死自己孩子的未婚母亲,或者向诱奸自己的男人泼硫酸的弃妇,陪审团都不会过于严厉,因为他们本能地认为,这些犯罪并不对社会构成威胁。[1] 在一个法律不保护被抛弃女子的国家里,她为了报复而犯下的罪行,与其说有害,不如说有用,因为它能对以后的诱奸者起震慑作用。

跟所有群体一样,陪审团极易受威望左右。格拉热先生敏锐地指出,尽管陪审团的组成十分民主,但是其成员在喜好上却带有很强的贵族倾向:"姓氏、出身、财富、名誉以及著名律师的支持,所有与众不同或者增光添彩的事情,都能给被告带来显著的优势。"

一名优秀律师的主要任务就是从情感上打动陪审团,就

---

〔1〕 顺便指出,陪审员本能地把犯罪分为威胁社会和不威胁社会两类,这种做法并非没有道理。刑法的立意显然应该是使社会免受犯罪分子的伤害,而不是对其进行报复。然而,法国的法典,尤其是法官的思维,仍深受原始法则的影响,带有浓重的报仇意识。"起诉"(vindicate)这个词,在拉丁语当中就是"报复"(vengeance)的意思。如今,人们在日常生活中仍在使用它。对于这一倾向,从许多地方法官拒绝引用"布朗热法"(许多已经被判刑的人可以不用服刑,除非他们再次犯罪)就可见一斑。可是,令法官们难以否认的是,统计显示,惩罚初次犯罪的罪犯,会在极大程度上导致此罪犯再次犯罪。法官总觉得,犯罪分子免予刑罚,就等于没有为社会报仇,因此,他们宁愿制造出一个危险的惯犯。

像对待所有群体那样,尽量少用推理,或者只使用最基本的推理方式。英国有位律师以擅长刑事案件著称,他的经验很好地说明了这个问题。

在法庭上,他一边进行辩护,一边认真地观察陪审团,他必须好好利用这个时机。他通过自己的洞察力和经验,可以从陪审员的脸上了解到每句话、每个词所产生的效果并得出结论。首先,必须确定哪些成员已经站在了自己这边,这并不需要多长时间。之后则要对付那些表现出敌意的陪审员,努力推测他们为什么反对被告。这个环节十分微妙,陪审员觉得一个人有罪,有时候不是因为正义感,而是由于别的各种理由。

这几行字很好地总结出了辩护的技巧,也说明了事先准备的讲演达不到什么效果的原因:讲演者不能根据听众的反应不断调整措辞。

辩护律师不需要使陪审团中所有成员都同意自己的看法,只需要争取到能决定多数人看法的领导者的意见即可。跟所有群体一样,在陪审团中,往往有两三个陪审员发挥着"领头羊"的作用。上面提到的那位律师认为:"我通过经验得出,陪审团在作决定时,实际上是被一两个有影响力的成员牵着鼻子走。”辩护律师必须通过灵活的暗示,说服这两三个人。如何取悦他们最为重要,只要能博得群体中个体的欢心,他离成功也就不远了。他可以在陪审员高兴之余,提出自己的见解。这时无论他给出什么样的理由,陪审员都会认为十分有道理。关于拉肖先生的趣闻中,有一件事正好反映了上面的论述:

“人们都知道,拉肖在法庭上陈述辩词时,只要发现或感到两三位有影响力但难以对付的陪审员,就一直关注他们的一举一动。他总能把这类顽固角色争取到自己的这一边。然而有一次在外省,他煞费苦心地辩护了大半个小时,仍有一个陪审员不为所动:就是坐在第二排第一个座位上的第七陪审员。他不免有些灰心丧气!突然,正在慷慨陈词的拉肖停了下来,对庭长说道:‘庭长大人,可不可以找人拉上对面的窗帘?第七陪审员先生被晒得睁不开眼了。’第七陪审员的脸有些发红,微笑着向他道谢。他终于被争取到辩方这边了。”

最近,不少作家——其中不乏知名人士——极力反对设立陪审团。然而,法官们组成的身份团体由于缺乏监管,经常出现冤假错案,陪审团的存在实际上是我们唯一的保护措施。[1] 有些作家主张只在有识之士中招募陪审员,而我们已经证明过,即便如此,他们的裁决也不会与现在的有什么差别。另外一些作家以陪审团犯下的错误为由,主张废除陪审制度,这一程序的执行由法官取而代之。但他们怎么忘了,这些令陪审团受到指责的过错,是法官们先犯下的——被告出现在陪审团面前时,已经先后被预审法庭法官、国家检察官及上诉法庭法官认定为有罪。人们难道不明白,如果被告最终面对的是法官而不是陪审团,就将失去重获清白的唯一机会。陪审团所犯的过错总是在法官犯错之后,要是出现尤为重大的司法错误,就应该只追究法官的责任。以最近 L 医生的案子为例。一个半痴呆少女声称,这位医生收了三十法郎为她

---

[1] 实际上,政府部门中只有法官的行为不受任何监管。尽管经历了一系列革命,民主的法兰西并不如英国,没有《人身保护法》(Habeas Corpus)这样令英国人骄傲的法律。我们推翻了所有暴君,但在各地都任命了法官,当地公民的名誉和自由都由他一个人说了算。区区一个预审法官,刚从法律学校毕业,就掌握了令人愤慨的权力,仅凭自己的妄加揣测,就可以随便把最有声望的人送进监狱,甚至无须向任何人解释。他可以拿调查当借口,把这些人关上六个月甚至一年时间,然后再把他们放了,却不需要做出任何赔偿或道歉。一纸传票就如同一封国王封印的信,不同的地方在于,后者作为君主制的一种做法,且不说专属于少数特权阶级,也已广受诟病;而前者如今掌握在公民中的一个阶层手中,而这些人还远远称不上最有见识、最具独立精神。

做人流手术，于是，这起案件的受理者——一位才疏学浅的预审法官起诉了L医生。要不是公众义愤填膺，国家元首立即做出特赦，医生就该受牢狱之灾了。L医生的声誉有口皆碑，这更说明指控纯属是莫须有的。法官们虽然意识到了这一点，但碍于颜面，依然想尽一切办法阻挠特赦令的签署。

在所有类似事件中，陪审团一旦碰上自己一无所知的技术细节，考虑到案子已经由不放过任何细节的预审法官们调查过了，他们不免就会听取检察院的意见。那么究竟谁是错案的始作俑者，陪审员还是法官？答案不言而喻。好好地保留陪审团吧，它大概算是唯一一个无法为任何个体所取代的群体。只有它能够缓解法律的严酷性——法律采取对所有人一视同仁的态度，在原则上是盲目的，因为它不考虑特殊情况。法官没有任何同情心，他们只熟悉法律条文，出于自身职业的冷酷性，对入室杀人犯和被人诱奸后遭抛弃、生活凄惨而不得以杀死自己孩子的可怜少女，他们会施以同样的刑罚，而陪审团本能地觉得，与逃脱了法律制裁的诱奸者相比，被诱奸的少女实在算不上罪大恶极，应该给予一定宽容。

熟悉了身份团体的心理及其他类型群体的心理后，如果遭到莫须有的指控，我肯定不会去跟法官打交道，而是去陪审团面前申辩。在陪审团面前，我尚有可能重获清白之身，但在法官那里则没有丝毫可能。群体的强大力量令人畏惧,而某些身份团体的力量更加令人胆寒。前者尚且可以被说服,后者却从不屈服。

第四章

选民群体

普选这个信条就像从前的基督教信仰那样深入人心。一谈到它,演说家和作家们就纷纷表现出崇敬甚至谄媚之态,这样的待遇怕是路易十四也不曾享受到。

选民群体,即可以选出某些人来行使某些职权的指定集体,属于异质性群体。但由于他们只做一件非常明确的事情,即在各位候选人当中做出选择,所以只表现出前面描述过的一部分特征。他们尤其表现出不善推理、缺乏批判精神、易怒、盲从以及头脑简单这些群体特征。他们的决定同样也受领导者以及前面列举过的断言、重复、威望和传染等因素的影响。

让我们研究一下怎样赢得选民手中的选票。依靠最富成效的方法,我们能够轻而易举地推断出他们的心理。

一方面,候选人必须具有威望,这是很重要的一点。与个人威信相匹敌的就只有财富给人树立的威信了,才能和天分都算不上非常重要的成功因素。

另一方面,拥有威望的候选人必须有能力让选民坚定不移地支持自己,这一点也是至关重要的。工人和农民占选民中的大多数,但他们很少选择自己当中的一员作为代表,因为与他们身份、地位相同的人在他们眼中没有丝毫威信。他们偶尔也会选择自己的同类,但这往往是出于某个次要原因,比如为了向自己平常需要依附的某个要人或者有权势的雇主表示反抗,幻想自己此刻可以主宰他们的命运。

然而,只有威望还不足以确保候选人的成功。选民一心想要有人满足自己的贪婪与虚荣,所以候选人必须极尽阿谀奉承之能事,毫不犹豫地给予选民最离谱的承诺。如果选民是工人,那么候选人怎样辱骂和谴责他的雇主都不足为过。对于竞选对手,要用断言、重复和传染来打垮他,把他说成最无耻的混蛋并且犯下了令人发指的罪行,而对于这些指责无须找什么证据来支持自己的论断。如果对手不了解群体心理,他就会通过证据来进行辩解,而不是用别的断言来回应对手的断言。这样一来,他就没什么胜算了。

候选人的书面计划不要写得过于明确，因为这说不定会给对手留下把柄，而口头计划则尽管信口开河，可以毫无顾忌地承诺最彻底的改革。在竞选期间，这种夸张可以产生非常好的效果，并且对候选人以后的行为不构成约束力。事实上，选民从不关心当选的候选人在多大程度上兑现了对自己的承诺，而这其实恰恰是竞选的目的。

我们发现，在上述过程中，之前描述过的说服的各个要素都参与其中。我们曾指出词语和套话的神奇作用，它们同样活跃在选举过程中。演说家只要懂得如何运用这些手段，就可以随心所欲地控制群体。如万恶的资本、卑鄙的剥削者、光荣的工人、财富的社会化等这一类说辞，尽管人们对其已是耳熟能详，但它们却总能产生不错的效果。要是候选人能找到含义模糊的新套话，最大限度地调和各种要求，就可以稳操胜券。1873 年，西班牙爆发了革命，这场血腥的革命就是由这样一个神奇的词语引起的，它的含义十分复杂，每个人都可以有自己的理解方法。当时的一位作家叙述了革命爆发的原因，有必要在此引述。

激进派已经发现，中央集权的共和国就是改头换面的君主制，于是为了取悦他们，国会成员一致宣称成立联邦共和国,而投票者实际上根本不了解这个刚刚表决通过的新制度。但是,这个说法却令所有人喜出望外,人们沉浸在兴奋和狂热之中,他们以为美德与幸福的王国就此诞生了。共和主义者要是没被其政敌称作联邦主义者,就会认为自己受到了莫大的侮辱。人们在街上彼此问候:"联邦共和国万岁!"之后再对军队的无纪律性及士兵自治大加称赞。"联邦共和国"究竟是什么?一些人理解为各省的解放,类似美国那样的体制或者叫行政权力分散;另一些人则认为是废除一切权力机关,着手进行彻底的社会改革。巴塞罗那和安达卢西亚的社会党人宣扬公社权力至高无上,他们打算把西班牙划分为一万个独立的自治市,由各市人民自己制定法律,同时撤销军队与警察。不久之后,南方各省爆发了起义。起义从一个城市蔓延到另一个城市,从一个村庄传播到另一个村庄。公社一旦宣布起义,就会率先摧毁电报线路和铁路,以此切断与相邻公社及首都马德里的联系。联邦制成了各地划分势力范围的幌子,就连微不足道的小地方也想另起炉灶。人们到处杀人放火,这种疯狂庆祝的方式充满了血腥味。

只要读一读有关选民集会的报道就可以了解,选民的头脑中丝毫没有理性。人们在集会上互相大喊大叫,彼此抨击,有时甚至大打出手，却从不进行理性的沟通。要是偶尔安静下来，肯定是有个难以相处的人站了出来，声称自己有个棘手问题要问候选人，而这总能使听众们得到消遣。但是反对派不会得意多久，因为提问者的声音很快就被对手的喊叫声压倒。以下报道是从日常报纸上成百上千的类似报道中选取出来的，它们可以作为公众集会的典型情况：

会议的一位组织者请求代表们任命一位主席，场面一下子就失控了。无政府主义者跳上讲台，试图一举攻下会议桌，于是社会主义者奋起反抗；随后人们大打出手，互相指责对方是奸细、被政府收买了……一个鼻青脸肿的公民逃出了会场。

最后，在一片嘈杂声中，会议桌被歪歪扭扭地摆好，X 同志走上讲台。

他对社会主义者进行了彻头彻尾的控诉，而社会主义者也不甘示弱，骂他是“傻子”、“恶棍”、“无赖”，并试图打断他。X 同志对此作出了回应。他通过阐述一项理论来回骂社会主义者，称他们才是“傻瓜”或者“小丑”。

……昨晚，为迎接五一劳动节，阿勒曼派在位于福伯格寺街的商会厅组织了一场盛大的筹备会，口号为：“沉着冷静。”

“G 同志这个说法，意指社会主义者都是‘傻子’和‘滑头’。”

演说者和听众彼此谩骂、互相抨击,直到动起手来;椅子、长凳和桌子等都成了武器。

不要以为此类争吵只发生在某一特定阶层的选民中间,也不要认为这类争吵的发生与他们的社会地位有关。无论什么样的无名称集会,就算参加者都是受过教育的人,也还是会出现同样形式的争执。我已经指出,个体加入群体后,其智力水平呈下降趋势,这样的证据无处不在。作为例证,我从1895年2月13日的《时报》中节选了下面这则报道,参与这个集会的人都是大学生。

“随着晚会的推进,会场中越来越嘈杂;我不相信有哪个讲演者能连着讲两句话而不被打断。叫嚷声此起彼伏,一刻也不消停,有时甚至全场一片哗然;有人鼓掌,也有人发出嘘声,有些观众还在激烈地争吵。有人挥起手杖,气氛紧张;有人一下一下地用脚踩地板;一有人打断演说,喧哗声就会从四处响起,‘滚出去’‘上讲台说’。

C先生不断地使用‘可恶’‘卑鄙’‘可怕’‘无耻’‘势利’‘报复心重’这些字眼,宣称自己与这样的人势不两立。”

人们不禁要问，在这种情况下选民的意见是如何形成的呢？然而，提出这样的问题就说明，人们仍对集体的自由程度抱有不该有的幻想。群体的观点都是别人强加给他们的，绝非经过自己思考得出的。选民的意见和选票都掌握在选举委员会手中，其领导者多为酒馆的老板，因为他们在工人中很有影响力，工人信赖他们。谢乐先生（M. Schérer）算是如今最英勇的民主卫士，他写道："你了解选举委员会吗？它可以说是我们整个体制的关键，是政治机器的杰作。如今，选举委员会[1]统治着法国。"

候选人只要能被群体接受并拥有足够财力，对群体产生影响就并非难事。根据捐款人的说法，三百万法郎足以使布朗热将军东山再起。

选民群体的心理就是这样，与其他群体没什么不同，既没有更好，也没有更坏。

---

〔1〕 不管人们给委员会起什么名字——俱乐部、工会，还是别的名字——它几乎都表现出群体力量最可怕的一面。事实上，它代表着一种最不具人格的因而也是最具压迫性的专制。委员会领导人的一言一行都代表了集体，他不需负任何责任，可以为所欲为。即便是最凶残的暴君，也不敢奢望得到革命委员会成员的种种特权。巴拉斯（Barras）说过，他们在国民公会中大开杀戒，随意撤换议员。罗伯斯庇尔只要还是他们的发言人，就能主宰一切；后来，这个可怕的独裁者由于自负疏远了委员会而一败涂地。群体的统治就是委员会的统治，即委员会领导人的统治。没有比这更严酷的暴政了。

因此,根据前面的内容,我没有得出任何反对普选的结论。如果让我来决定它的命运,正是出于研究群体心理这样的实际目的,我会原样保存这项制度,对此我会阐述理由。

普选无疑存在十分明显的、难以忽视的缺陷。不可否认,文明是由少数才智出众的人创造的,他们组成金字塔的塔尖。依次往下,随着人数不断扩大,人们的智力水平也逐渐下降,他们构成了民族的基础。文明的伟大肯定不能依赖于低等成员的选举,因为他们除了数量庞大以外一无是处。此外,群体的选举带有极大风险性,这并非危言耸听。他们的投票结果已经令我们遭受了好几次侵略。他们正在为社会主义的胜利而努力,人们对自己当家做主的幻想很有可能会让我们付出更加惨重的代价。

这些反对意见虽然在理论上很有道理,但起不到实际作用。这是由于观念一旦转化成信仰,就会有势不可当的力量。从哲学角度看,群众权力至上的观念与中世纪的宗教信仰一样站不住脚,但在目前却占据绝对统治的地位,就像从前的宗教思想在当时那样无懈可击。试想一个思想自由的现代人,借助某种神奇力量回到了中世纪,在意识到拥有至高无上权力的宗教思想大行其道之后,你们认为这个现代人还会试图与之做斗争吗?要是落到一个认为他把灵魂卖给了魔鬼或者参加巫师宴会而要把他烧死的法官手中,他还会质疑魔鬼和巫师的存在吗?我们没办法质疑群体的信仰,就像不能同飓风商量一样。如今,普选这个信条就像从前的基督教信仰那样深入人心。一谈到它,演说家和作家们就纷纷表现出崇敬甚至谄媚之态,这样的待遇怕是路易十四也不曾享受到。因此,人们必须遵从这一信条,就像过去遵从一切宗教信条那样,唯有时间能对它产生影响。

另外,不要白费力气试图动摇这一信条,因为它自有存在的道理。托克维尔说得很有道理:"在平等的时期,由于人与人都是相似的,所以人们无法信任彼此,但是这种相似性会使人们对公众的判断力无比信赖;因为在他们看来,每个人都见多识广是不太可能的。因此,真理就不会与人数上的优势有任何关联。"

我们来做一个假设,如果对选举权做出一定限制,例如,只允许有才能的人进行投票,就能得到理想的选举结果吗?对这一点我绝不苟同。我上面已经讲过,无论群体由什么人组成,其智力水平皆十分低下。群体中个体的智力水平总是趋于平均化,就一般问题,四十个院士的投票结果并不比四十个运水工高明多少。我绝不认为选民只由有识之士构成,普选的投票结果就会有什么不同,也不觉得那些备受诟病的普选投票结果,如重建第一帝国,就不会产生。一个人懂希腊语、会数学,或者是一名建筑师、兽医、医生及律师,并不意味着他就会对社会问题有着过人的高见。所有的经济学家都受过高等教育,其中大多数人还是教授和院士,然而他们是否曾在哪个一般性问题——贸易保护主义、复本位制等——达成过一致?他们的学识不过是我们普遍无知的一种弱化了的形式而已。关于社会问题,总是存在大量未知因素,所以从本质上看,所有人都同样无知。

因而,就算只让学富五车的人参加选举,他们的投票结果也不会比现在的情况更理想,情感和党派精神依然是支配他们的主要因素。我们现在需要面对的困难一个也不会减少,另外,我们肯定还会迎来身份团体的严重暴政。

群众选举——无论是有所限制还是全面实行,不管是风靡于共和制国家还是在君主制国家,不论在法国、比利时、希腊、葡萄牙还是在西班牙——它在任何地方都是一样的,因为归根结底,它都是无意识意愿和种族需要的表现。无论在哪个国家,当选者都或多或少代表了种族精神,并且这种精神不会有多大变化,因为它是由代代相传而来的。

因而,我们又一次把问题归结于种族这个基本概念,基于这个经常出现的概念,我们引出了另一个想法,即在各民族的发展历程中,制度和政府的作用微乎其微。这种对各民族的发展方向起决定作用的种族精神,就是指代代遗传下来的品性的总和。种族和日常生活中的一系列不可抗拒的束缚,就是我们命运的神秘主宰。

第五章

议　会

议会群体极易受暗示影响。同所有群体一样,影响他们的暗示也来自具有威信的领导者。值得注意的是,议会群体的受暗示程度总是有限的。

议会是有名称的异质性群体的典型。尽管在不同的时代、不同的国家,议会成员的选举方式也有所不同,但它们都具有相似的特征。群体所共有的特征在议会中,会因种族因素的影响而得到强化或削弱,不过种族因素不会阻止这些特征的显现。对于希腊、意大利、葡萄牙、西班牙、法国及美国这些国家,虽然彼此差别很大,但它们的议会在讨论和投票方面却十分类似,所以各国政府会面临同样的困境。

但是议会制代表一切现代文明民族的理想。它表达着这样一种观念：针对某个问题，与少数人相比，许多人一起商量可以做出更明智、更独立的决定。这种想法在心理学上是错误的，但却得到了人们的普遍认同。

议会也具有群体的一般特征：思想幼稚、易怒、易受暗示、情感夸张、少数领袖起主导作用。然而，由于其特殊的构成，议会这一群体还具有自己的特征。下面，我们就此做一说明。

观点的简单化是议会群体最重要的特征之一。所有政党——尤其是拉丁民族的政党——总是倾向于拿最简单的抽象原则与适用于一切情况的普遍规律来解决最复杂的社会问题。各个政党自然有各自的原则，但是个体一旦成为群体当中的一员，就总是倾向于夸大自己政党所拥有的原则的价值，并且还会摆出贯彻到底的架势。结果，议会总是代表着各种极端的观点。

法国大革命时期的雅各宾派是议会观点简单化的完美典范。他们全都独断专行，僵化死板，头脑中充斥着模糊的普遍观念，他们不顾具体情况，只会运用一成不变的原则。“他们经历了大革命，却并不了解这场革命。”人们对他们做出这番评价是有一定道理的。雅各宾派们以十分简单的信条为指导，自以为凭借这些信条他们可以彻底改造社会。事实上，他们使一个高雅的文明倒退到了社会发展更为原始的阶段。他们为实现梦想而采取的方法也同样显得无比幼稚。实际上,他们只想粗暴地摧毁一切束缚。此外,无论是吉伦特派(girondins)、山岳派(montagnards)还是热月派(thermidoriens),他们所有人都受到了这一精神的激励。

议会群体极易受暗示影响。同所有群体一样,影响他们的暗示也来自具有威信的领导者。值得注意的是,议会群体的受暗示程度总是有限的。

在涉及地方或地区利益的一切问题上,每个议员都会坚持自己的看法,绝不退让,任何理由都无法动摇他们的信念。在贸易保护或当地人酿酒特权等问题上,由于这些问题代表了某些有影响力的选民的要求,就算演说者表现出狄摩西尼(Démosthène)的辩才,也无法改变议员的投票。因为这些选民在投票之前就已经接受了具有决定性的暗示,这种暗示足以消除其他一切暗示的作用,因而议员们会绝对坚定地维护自己的观点。[1]

然而对于一般的问题,如推翻内阁、设立一项新税收,就

[1] 对于那些事先根据竞选需要而确定的坚定意见,英国一位资深议员的看法无疑很能说明问题:“五十年来,我在威斯特敏斯特出席议会,听过成千上万次演说,他们当中,能改变我意见的人非常之少,我的投票一次也没有改变过。”

不存在统一的看法了,领导者的暗示仍然可以发挥作用,但与在普通群体中的情况不完全相同。每个政党都有自己的领导者,有时各个领导者的影响力相当。结果,议员发现自己处在相反的暗示中,难免拿不定主意。这就是为什么他们经常在短时间内做出相反的表决,给某项法律添加一条使之失去效力的条款。例如,先剥夺雇主选择和辞退工人的权利,再通过一项几乎撤销了这个决定的修正案。

这也是为什么在每届议会上,议员们对某些问题的态度总是十分明确,对另一些问题则显得优柔寡断的原因。由于一般问题总是占绝大多数,议会经常无法果断地做出决定,这种犹豫不决往往是出于对选民的畏惧,选民的潜在暗示总有抵消领导者影响力的趋势。

然而,在议会的多次辩论中,议会的成员并没有明确立场,所以通常都是领导者掌握着真正的主动权。

这些领导者的存在显然是十分必要的,他们作为团体的首领活跃在各个国家的议会上。议会真正的主人正是他们。群体不能没有首领。所以说,议会的表决结果往往只代表少数几个人的意见。

领导者很少通过论证获得影响力,大多数情况下都是借助自己的威望。最能证明这一点的是,如果某种情况下他们声名扫地,就不再具有丝毫影响力。

领导者的这种威望是个人性质的,与姓氏和声誉皆不相干。儒勒·西蒙(M. Jules Simon)先生本人出席了1848年的国民议会,在提到当中的大人物时,他给出了值得参考的例子。

两个月之前,路易·拿破仑还无所不能,现在却没有任何分量了。

维克特·雨果(Victor Hugo)发表了演说,但并没有引起多大反响。人们听他讲话,就像听菲利克斯·皮阿(Félix Pyat)讲话一样,只不过他并没有赢得同样热烈的掌声。谈起皮阿,沃拉贝勒(Vaulabelle)对我说:"虽然他是法国最伟大的作家之一,也是最伟大的演说家,但我不赞同他的观点。"埃德加·基内(Edgar Quinet)算是个难得的人才,但没有得到重视。议会召开前,他还有些声望,但在议会中,他完全是个无名小卒。

政治集会是最不需要人们发挥才智的地方。在那里,人们只在乎符合当下形势的雄辩,他们只考虑政党利益而非国家的利益。要想像1848年的拉马丁(Lamartine)和1871年的梯也尔那样备受敬仰,必须以紧迫而不可动摇的利益作为刺激手段。一旦危机结束,人们便不再恐惧,感激之情也会随之消失。

我引用上面这几段话，是因为它们包含着一些事实，而不是因为它们给出的解释。这些解释的心理学基础仍显薄弱。群体一旦服从于某位领导者——无论他们代表国家还是某个政党——就会很快失去自己作为群体的品性。服从于某位领袖的群体是因为受到了其威望的影响而变得俯首帖耳的，而且这种服从并不是出于利益刺激或感激之情。

因此，只要领导者具有足够的威望，他就可以拥有近乎绝对的权力。由于声名卓著，多年以来，有一位著名的议员一直在议会上发挥着巨大影响，他只需要一个手势，就可以征服内阁。然而，在上次选举中，他迫于某些财政问题而失败。在下面这段话中，一位作家明确指出了他的非凡影响力：

> 我们多花了三倍的代价来收买日本，在马达加斯加的前景变得很不明朗，我们还丢掉了尼泊尔南部的大片领土，丧失了曾在埃及一度占据的主导地位，以上这些都要归功于这位X先生。与拿破仑一世的灾难统治相比，X先生的错误决策所造成的领土损失有过之而无不及。

的确，这位领导者让我们付出了惨痛的代价，但我们不该过多指责他。他之所以有如此大的影响力，是顺应民意的结果。领导者很少走在舆论的前面,他往往只是尾随其后。在殖民地问题上,民众的舆论与实际情况已经有很大一段距离,但是领导者还是顺应了民意,从而也就支持了舆论的错误观点。

除了威望,领导者还使用之前曾多次列举的那些要素作为说服手段。要想巧妙地运用它们,领导者必须深入了解群体心理——至少要无意识地做到这一点,并懂得如何与他们沟通。他特别需要了解各种词语、套话及形象的魔力。他必须具备出众的口才——包括坚决的断言(无须证据)、动人的形象,再加以最粗略的论证。在所有议会上都可以看到这种口才,就连其中最沉稳的英国议会也不例外。

英国哲学家梅因(Maine)说:"在下议院的辩论中,议员们要么满口空话、大话,要么就进行激烈的人身攻击。这种笼统的套话会让人们对纯粹民主抱有极大的幻想。用动人的言辞来让群体接受笼统的主张往往并非难事,哪怕这些主张从未经受检验,也有可能经不起任何检验。"

上述引文指出了"动人言辞"的重要性,这一点绝非言过其实。我们多次强调过词语和套话的特殊力量。人们应该有意识地选择那些令人浮想联翩的措辞。下面这句话摘自法国议会中某位领导者的演说,称得上是一个很好的例子:

可疑的政客和无政府主义杀人犯会被一起用船送往热病肆虐的流放地,他们到时可以好好叙叙旧,这看起来就像一种社会秩序下相辅相成的两方面。

这句话会在人的头脑中唤起生动的画面,他的演说足以让所有的对手都感受到威胁。他们仿佛同时看到了一片热病肆虐的土地和一艘能带走自己的巨轮,因为他们没准儿就属于那类并未很好界定的政客之列。他们深感恐惧,与当年罗伯斯庇尔在含糊的演说中若隐若现地提到断头台时,国民公会议员的感觉一样,由于受到这种恐惧的影响,他们总是屈服于他。

领导者可以无限夸大事实,这对他们来说有益无害。我刚才所引用的例子中,那位演说家就可以断言:是银行家和神父雇用了投掷炸弹的人,所以大金融公司的董事们应该受到和无政府主义者一样的处罚。他的这番断言不会遭到强烈反对。对群体来说,这样的断言总能奏效。再极端的断言、再具威胁性的夸张也不足为过。没有什么比滔滔雄辩更能吓倒听众。人们害怕,要是自己提出异议,就会被当作叛徒或者共犯而受到牵连。

如我之前所说,这种特殊的口才一直统治着所有议会。

在危难关头,它的作用只会更加重要。在这点上,大革命议会中不乏伟大的演说家,阅读他们的演说很有意思。他们总认为自己必须停下来,先谴责罪过、弘扬美德,接着对暴君大加诅咒,发誓要自由地活着,不然还不如死。在场的人们站起来报以热烈的掌声,过一会儿镇静下来后再坐下。

领导者也可能是机智而有学识的,但对他们来说,这种品质不仅没什么用而且是有害的。智慧会让人认识到事物的复杂之处,也会允许人们进行解释与领会,它会使人变得宽容,对于倡导者来说,这会极大地弱化某种信仰的强度与力度。在各个时代,尤其在大革命时期,领导者的见识都无比短浅,他们越是孤陋寡闻,影响力就越强大。

他们当中,数罗伯斯庇尔的名气最大,他那些前后矛盾的演说,令人目瞪口呆。光读这些演说,我们难以理解为什么这位大独裁者能对历史产生如此深远的影响:

“与其说他智力平庸,倒不如说他头脑幼稚,他只会用说教式的、拉丁文化式的陈词滥调和冗词赘句,在抨击或辩护时,他就只会像小学生一样喊:‘放马过来!’他的演讲没有观点,既不讲究措辞,也毫无特色可言,实在让人难以忍受。从如此沉闷的阅读中解脱出来时，人们会像亲切的德穆兰[1]一样长叹一声：'唉！'"

一个思想极其狭隘、信念无比坚定同时又享有声望的人，他所拥有的力量想想就令人觉得可怕。然而，一个人要想对困难视而不见，同时还要保持坚定的意志，就必须具备这些条件。群体本能地在信念坚定、意志坚强的人中选择自己的主子，他们一直需要这样的一个人。

在议会中，演说的成败与演讲者的论证观点毫无关系，它几乎只取决于演讲者的威望。若想证明这一点，最好的证据就是：如果演讲者出于某种原因丧失了威望，那意味着他同时也失去了影响力，也就是说他失去了根据自己的意愿引导表决的力量。

如果一个名不见经传的演说者带着一份论据充足的讲稿出场发言，其他人有可能只是听听罢了。德索布（M. Descubes）先生是议会议员，同时也是一位敏锐的心理学家，最近，他这样描绘一个没有威望的议员：

---

[1] 德穆兰（Camille Desmoulins，1760～1794年），法国记者、政治家，在法国大革命期间扮演了重要角色。

“他走上讲台,从公文包中取出讲稿,不慌不忙地展开,然后很有把握地开始发言。

他认为听众肯定会接受那个令自己兴奋的信念。他反复强调自己的论证,不断引用数据和证据,他坚信自己言之有理,他觉得面对显而易见的事实,任何反驳都是徒劳。他开始讲演,自信有理有据,同僚们一定会认真聆听,然后拜倒在真理面前。

然而,他一开口就惊讶地发现大厅里面有些混乱,此起彼伏的嘈杂声令他有些不快。

为什么场面安静不下来?为什么大家都这么不专心?那些交头接耳的议员们在想些什么?是什么要紧的原因使他们接连离开自己的座位?

他的脸上稍显不安,皱着眉头停了下来。在议长的鼓励下,他提高嗓门接着讲,而人们却更加不专心了。他提高了声调,但周围的噪声变得更大,他已经听不到自己的声音了,于是再次停了下来;由于害怕自己的沉默招来令人恼火的嚷叫:‘下去吧!’他只能硬着头皮继续讲。吵闹声变得让人难以忍受。”

议会兴奋到一定程度时,就会变得跟普通的异质性群体一样,于是在情感上也总是表现得很极端。他们既可以做出最富英雄气概的伟大行为,也有可能犯下最残暴的罪行。个体已不再是他们自己,他们彻底丧失了自我,甚至会投票赞成最损害自己利益的措施。

法国大革命时期的历史显示了议会可以丧失判断力到何种程度,以至于议员会服从最不符合自己利益的暗示。对贵族来说,放弃特权是种极大的牺牲,而在著名的制宪会议当晚,他们竟毫不犹豫地这么做了。对国民公会议员来说,如果放弃自己的不可侵犯性,就意味着随时可能丧命,而他们也这么做了,丝毫不害怕自相残杀,尽管他们十分清楚,他们今天把同僚送上断头台,明天就有可能落得同样下场。可是,他们的行为已经完全不受自己控制了,什么都无法阻止他们服从那些具有催眠作用的暗示——对于这种状态,我已经做过描述。比劳·凡尔纳(Billaud-Varennes)是这些人当中的一员,我从他的回忆录中摘出这样一句话,典型地反映了这一点。他说:“对于我们那些备受指责的决定,事实上,就在两天前甚至一天前,我们也不同意,它们都是危机造成的。”这个解释再合理不过了。

同样缺乏判断力的现象还表现在国民公会时期所有气氛热烈的讨论会上。

泰纳说:“他们批准并下令执行一些令他们自己都感到恐

怖的措施,这不仅是愚蠢的行为,简直就是犯罪。他们滥杀无辜,连自己的朋友也不放过。在右派的支持下,左派在最热烈的掌声中,把自己曾经的领袖、大革命伟大的发起者和领导人丹东送上了断头台。同样的,在左派的支持下,右派在最响亮的喝彩声中,表决通过了革命政府最糟糕的法令。在一片钦佩与狂热的叫喊声中,国民公会表现出对德布瓦(Collot d'Herbois)、库东(Couthon)和罗伯斯庇尔等人的强烈好感,为了维持这个杀人政府的统治,他们自发地重复选举。事实上,无论平原派还是山岳派,他们都憎恶这个嗜血成性的政府。平原派憎恨它,因为它杀人如麻;山岳派痛恨它,因为政府曾对他们大规模屠戮。然而,平原派和山岳派,多数派和少数派,却还是那般疯狂地拥戴这个政府,他们就是在自取灭亡。牧月22号,整个国民公会惨遭血洗;热月8号,罗伯斯庇尔演讲过后的一刻钟内,同样的悲剧再次上演。”

这是一个凄惨的画面,但它确是事实,没有任何夸大的成分。议会只要兴奋和着迷到一定程度,就会表现出同样特征。它就像奔跑的羊群,一刻也不得安宁,总是冲动行事。斯布勒尔先生(M. Spuller)是一位议员,没人会怀疑他的民主信仰,他曾在《文学杂志》中对1848年的议会进行过描述,这种描述恰好反映了我在前文论述过的群体的特点:情感夸张且极易多变,可以从一种情感一下子转变为另一种完全对立的情感。现在,我把这一典型案例引述如下。

分裂、嫉妒、猜疑,还有盲目的信任和无限的希望,这些最终导致了共和党的失败。他们既单纯幼稚又怀疑一切。他们没有任何法律意识,毫无纪律观念,却极其热衷制造恐怖与幻想;他们在这点上表现得像农民和孩子一样。他们既冷静又缺乏耐心,既野蛮又温顺,这是性格不成熟和缺乏修养的表现。没什么事能让他们感到惊奇,但任何事却又都让他们慌张。他们既会惊慌失措、小心翼翼,也可以不屈不挠、无所畏惧。他们能为了某件事赴汤蹈火,也会因为一点小事就惊恐退缩。

他们一点也不了解事物之间的前因后果与彼此联系。他们时而失望泄气,时而兴高采烈,他们极易陷入恐慌,他们要么自命不凡,要么妄自菲薄,从来没有分寸。他们比流水还要变幻不定,可以映出所有色彩,变成任何形状。人们怎能奢望他们建立理想的政府呢?

十分幸运的是,上述议会的所有特点并非议会的常态。议会只在某些时刻才算群体。大多数情况下,组成议会的个体都能保持自己的个性。这就是为什么议会能制定出优秀的法律。这些法律都是由专家在自己安静的书房中起草的。所以通过表决的法律实际上是个人成果,而非议会的集体决定,这样自然最好不过。这些法律只有经过一系列修改,成了集体成果后,才会变得糟糕。群体的成果总是比不上孤立个体的成果。专家的存在可以避免议会通过太混乱、太无知的决议。这时,他成了暂时的领导者。议会对他没有影响,而他却可以影响议会。

尽管在运作上面临各种困难,议会仍不失为各民族有史以来最好的统治方式,它尤其使人们最大限度地摆脱了个人专制的压迫。至少对于哲学家、思想家、作家、艺术家、学者以及所有文明社会的精英来说,议会肯定是理想的统治模式。

事实上,议会制只存在两个严重弊端:一个是不可避免的财政浪费,另一个是逐渐限制个人自由。

第一个弊端是应付危急情况与选民群体缺乏远见的必然结果。如果某个议员提出一项明显符合民主思想的措施,如保证所有工人均享有退休金,或者提高养路工和小学教师的待遇,那么其他议员尽管知道这样一来预算会大大增加,势必导致新税项的设立,但是出于对选民的畏惧,他们不敢表现出忽视选民利益的样子,所以不敢对这项措施表示反对。他们会毫不犹豫地投赞同票,这是因为像增加开支这样的后果是以后的事,并且自己的利益不会受到多大损失,而投反对票的后果则很可能在下次自己为连任而面对选民的时候就明显地表现出来。

造成政府开支增加的原因,除了上面这个,还有另一个原因同样难以避免,即为纯粹的地方性事务提供经费。议员对这类提案同样不能表示异议,因为它们也代表了选民的要求。同时,议员只有对同僚们的请求做出让步,才能为自己选区的选民争取到类似的经费。[1]

---

[1] 《经济学人》杂志 1895 年 4 月 6 日那一期刊登了一篇有意思的文章,它回顾了一年当中用于竞选的花费,尤其是花在铺设铁路方面的开支。为了把位于山区的朗盖耶(一个有三千名居民的城市)和普伊连接起来,议会表决通过了一条议案:铺设一条造价一千五百万法郎的铁路。连接博芒特(三千五百名居民)和卡斯特尔—萨拉金的铁路花费了七百万法郎;连接奥斯特村(五百二十三名居民)和塞伊克斯村(一千二百名居民)的铁路花费了七百万法郎;连接普拉德和奥莱特村(七百四十七名居民)的花费了六百万法郎等。仅 1895 年,议会表决通过了九千万法郎用于建设只对地方有益的铁路。由于竞选的目的,用在其他方面的开支也很惊人。财政部部长称,保证工人退休金的法案每年将至少增加一亿六千五百万法郎的财政投入,而据勒鲁瓦—布罗院士的说法则是八亿法郎。毫无疑问,如果国家不断增加这种开支,一定会破产。不少欧洲国家——葡萄牙、希腊、西班牙、土耳其——已经被拖垮了,其他国家,如意大利,很快也会步它们的后尘。但是对此不必过于担心,因为这些国家的公众已经逐渐接受了国家将债券的利息减少五分之四的做法,因为公众并没有对此表现出很大的异议。这些濒临破产的精明国家一下子就填平了自己的赤字。另外,面对战争、经济对抗等灾难,社会已进入全面解体的阶段,我们不如得过且过,何必过多担心一个到不了的明天。

上面提到的第二个弊端,即议会要不可避免地限制个人自由,这一点从表面上不那么明显,但却是真实存在的。这是无数的法律造成的后果,因为法律总带有一定的限制性,而议会由于头脑过于简单,无法预见法律会带来什么后果,还认为表决通过法律就是自己的职责。

这一弊端是无法避免的。英国堪称议会制最完善的典范,它的议员最不依赖选民,但也未能摆脱这种情况。赫伯特·斯宾塞在早期研究中曾指出,从表面看人们比以前享有了更多的自由,然而实际上人们享有的自由减少了。在他的近作《个人与国家》一书中,他又一次触及这个问题。关于英国议会,他的看法如下:

自这个时期以来,立法机关一直按照我曾指出的路线发展。快速增加的专制措施大有不断限制个人自由的趋势,这种趋势表现为两种方式。议会每年都会制定越来越多的法规,对公民过去享有的完全自由的行为加以限制,并且迫使公民做一些他们过去可根据个人意愿决定做或者不做的行为。同时,公共负担越来越重,尤其在地方层面,通过加重剥削,公民可任意支配的收入减少了,于是自由更加受限,而最终这部分财政收入如何使用,则由政府工作人员根据自己的好恶决定。

在各个国家,这种对个人自由不断增加的限制表现为不同形式,对此斯宾塞并未指出。不计其数立法措施的出台,一方面,它们往往都带有一定限制性;另一方面,这将不可避免地增加负责实施它们的公务员的数量,并赋予他们更多的权力和影响力。渐渐地,这些公务员就成了文明国家的真正主人。他们手中的权力会越来越大,因为纵使政权不停更迭,只有行政人员这个身份团体的利益从来不会遭受任何损失,只有他们不负责任、无个性并且永久存在。在所有专制统治中,最具压迫性的要数同时具备这三个特性的政权。

不断出台限制性的法律和规章,用最拜占庭式的繁文缛节规范生活中最细小的行为,这么做的必然结果就是,公民可以自由活动的范围变得越来越狭小。人们幻想通过增加法律来更好地确保平等与自由,却发现自己背上了越来越多的枷锁。

人们会成为这种行为的牺牲品。一旦习惯于承受所有枷锁,他们会很快变得难以自拔,甚至丧失一切自主精神和活力,成了虚幻的人影、任人摆布的木偶,他们缺乏意志力,只会服从,也没有力量。

这种情况下,人们自身过于软弱,就不得不在外界寻求依靠。正是由于公民越来越麻木、无能,政府的角色才不可避免地显得越来越重要。他们必须具备个人没有的积极主动、敢作敢为的精神和领导风范,要勇于承担一切责任,领导一切事务,并且保护所有人。于是,国家成了万能的上帝。然而经验告诉我们,这种上帝的力量既不持久也不强大。

在某些民族中,这种对一切自由逐渐增加的限制——尽管外部的许可造成了他们仍拥有自由的假象——似乎是由民族或制度的衰老造成的。迄今为止,无论哪个文明都难以逃脱没落的命运,而这种对自由的限制正是这个时期即将来临的先兆之一。

根据历史的经验教训,结合目前社会各方面表现出的迹象,我们有理由认为,一些现代文明已经达到了没落之前的这种极度老化的阶段。似乎所有民族都注定会经历同样的发展历程,因为历史就经常重复这样的发展道路。

概括地总结文明演变的阶段并非难事,本书也将以此作为结束。这种速写式的叙述没准能让人多少了解群体在今天如此强大的原因。

结　论

对于我们之前的那些文明,如果大体上思考其伟大与没落的原因,我们会得出什么结论?

在这些文明的诞生初期,许多来自不同地方的人,由于迁移、侵略及占领等偶然因素聚在了一起。这些人具有不同的血统、语言和信仰,他们之间唯一的共同联系,就是头领定下的、并未得到所有人承认的规矩。这些杂居一处的人群表现出最强烈的群体心理特征。其中包括暂时的团结、英雄主义、软弱、冲动及暴力。他们没什么稳定的特征,都是些野蛮人。

接下来,漫长的岁月完成了自己的作品。环境的单一、不断的通婚及共同生活的需要慢慢地发挥作用。不同的小型人群开始彼此融合并逐渐形成一个种族,即有着共同的特征和情感的集体,遗传会使这些共同之处越来越稳定。群体成为民族并且一个民族可以经过努力摆脱野蛮状态。

然而,只有经过长期的努力、反复的斗争及无数迂回曲折后,当民族获得了某种理想时,它才能从野蛮状态中完全摆脱出来。这个理想的本质并不重要,无论是对罗马的崇拜、雅典的强大或者是真主安拉的胜利,只要它能让处于形成过程中的种族的所有个体达到情感和思想的完美统一就可以。

如此一来,一个拥有自己的体制、信仰及艺术的新文明就诞生了。在梦想的驱使下,种族会逐渐掌握可以实现辉煌、强盛与伟大的品质。在某些时候,种族无疑还会表现得像群体那样,然而,在这些变幻不定的特征后面,存在种族精神这个稳固的基础,它把民族的变化幅度紧紧限制在一定范围之内,控制了偶然因素。

但是时间在完成了创造活动后,开始扮演毁灭者的角色,对于这样的命运,无论神灵还是人皆无法逃脱。文明在达到一定程度的强盛和复杂后,就不再成长,而它一旦停止发展,就注定很快衰落。这时文明的衰老期就到来了。

这一时刻的到来是不可避免的,它的到来往往是以支撑种族精神的理想逐渐减弱为标志。随着这个理想逐渐变得暗淡,它激发出的宗教、政治或社会结构也开始动摇。

随着理想的逐渐消失,种族也逐渐丧失了维持团结一致及自身实力的能力。个体的个性和智力得到了发展,同时个体自我意识的极大发展取代了集体意识,并伴随着集体特性的削弱和行动力的退减。人们本来已经形成了一个民族、一个统一的整体,最后却成了一盘散沙,只是由于传统和体制的人为作用,他们才会在一段时间里保持聚集。这时,由于各自利益与愿望上的严重分歧,人们已无法自我管理,甚至在最细小的行为上也需要引导,于是国家的作用便受到了众人的期待。

伴随着古老理想的最终丧失,种族也完全丢掉了自己的精神。它不过是一群孤立的个体,又回到了自己最初的模样:

群体。它只具有一些暂时的特征,它们既不稳定,也没有未来。它所建立的文明也摇摇欲坠,任凭一切偶然因素支配。民众拥有至高无上的权力,野蛮之风盛行。文明看起来依旧辉煌,但这只是漫长的历史留给它的华丽外衣,它其实是一幢已经没有任何支撑的腐朽大厦,再遇到暴雨袭击,就会轰然坍塌。

从野蛮状态发展到文明状态,人们一直在追逐一种梦想,然而当这个梦想失去威力,文明就会走向衰落和死亡,这便是一个种族的生命周期。

图书在版编目（CIP）数据

乌合之众：大众心理研究：畅享版 / (法) 古斯塔夫・勒庞著；陈昊译. -- 北京：法律出版社, 2023
ISBN 978-7-5197-8472-0

Ⅰ. ①乌… Ⅱ. ①古… ②陈… Ⅲ. ①群众心理学－研究 Ⅳ. ①C912.64

中国国家版本馆CIP数据核字（2023）第206110号

乌合之众：大众心理研究（畅享版）
WUHE ZHIZHONG：DAZHONG XINLI YANJIU（CHANGXIANGBAN）

作　　者：［法］古斯塔夫・勒庞
译　　者：陈　昊
责任编辑：韩满春
装帧设计：鲍龙卉
出版发行：法律出版社
编辑统筹：学术・对外出版分社
责任校对：裴　黎
责任印制：陶　松
经　　销：新华书店
开　　本：880 毫米×1230 毫米　1/32
印　　张：6.75
字　　数：109千
版　　本：2023年11月第1版
印　　次：2023年11月第1次印刷
印　　刷：固安华明印业有限公司
书　　号：ISBN 978-7-5197-8472-0
定　　价：39.00元

销售电话：010-83938349　客服电话：010-83938350　咨询电话：010-63939796
地　　址：北京市丰台区莲花池西里7号(100073)
网　　址：www.lawpress.com.cn
投稿邮箱：info@lawpress.com.cn
举报盗版邮箱：jbwq@lawpress.com.cn
凡购买本社图书，如有印装错误，我社负责退换。电话：010-83938349